KB039469

우울한 날엔 니체

우울한 날엔
니체

S'affirmer
avec
Nietzsche

발타자르 토마스 지음
김부용 옮김

자음과모음

차례

이 책의 활용법 11

I 진단하기 — **허무주의, 인간적인 너무나 인간적인 질병**

질병이 우리를 구원하리라 19

신은 죽었다. 그러나 신의 그림자는 죽지 않았다! 33

행복, 허무한 이들을 위한 묘약 48

덧없는 세상이 우리를 괴롭힐 때 66

II 이해하기 — **알량한 도덕은 버려라**

힘을 향한 의지와 삶의 관점 85

도덕은 어떻게 세상을 뒤엎는가? 104

원한과 양심의 가책 118

집단에서 벗어나 자기만의 도덕을 정립하라 142

III 적용하기 — **자기 자신이 되어라**

긍정의 길을 되찾아라   165

강해지려면 속도를 늦춰라   182

생각을 본능으로 바꿔라   203

자의식을 버려라   226

적을 사랑하라   245

IV 내다보기 — **순간은 영원하다**

예술은 진리보다 더 가치 있다   265

삶을 향해 다시 한 번 소리쳐라   287

미래를 향해 활시위를 당겨라   304

니체의 생애   318

독서 길잡이   325

옮긴이의 말   329

내 어머니를 기억하며.
기독교에 대한 증오 덕분에
어머니는 기독교가 전해주는 비통함에
자신을 가둘 수 없었다.
그런 점에서 어머니는 니체와 닮았다.

당신은 아직도 당신 자신을 찾지 못했다.

대신에 당신은 나를 발견했다.

믿는 자들은 모두 다 이렇게 된다.

그래서 믿음은 그토록 가치가 없는 것이다.

지금 나는 당신에게 나를 버리고 당신을 찾으라고 명령한다.

당신이 나를 완전히 부인할 때 비로소 내가 되돌아올 것이다.

— 니체, 『이 사람을 보라』, 서문, 4

이 책은 여느 철학책과는 좀 다르다. 철학은 언제나 야심만만하게도 우리가 어떤 존재인지를 이해하도록 함으로써 우리 삶을 좀더 향상시키려고 했다. 그러나 대부분의 철학 서적은 특히 진리 문제에 관심을 기울여왔고, 이론의 토대를 닦는 데 모든 힘을 쓴 나머지 실제로 적용하는 데는 관심을 두지 않았다. 그와 달리 이 책에서는 우리 삶을 바꾸기 위해 위대한 철학에서 이끌어낼 수 있는 것에 관심을 기울일 것이다. 일상의 소소한 일들, 우리가 삶을 바라보는 시선과 삶에 부여하는 의미까지 바꿀 수 있도록 말이다.

하지만 자신의 이론을 점검하지 않고 실천 방향을 바꿀 수는 없는 법이다. 행복과 기쁨은 추구할 만한 가치가 있으며, 성찰의 노력 없이는 제대로 작동되지 않는다. 우리는 일부 자기계발 입문서가 베푸는 호의와 쉽게 제시하는 처방을 전해주지 않으려고 애쓸 것이다. 새로운 행동 방식과 삶의 방식에는 언제나 새로 생각하고 자기를 이해하는 방식 또한 포함되게 마련이다. 그리하여 우리는 이렇게 이미 우리 삶을 바꿔주는 생각에서 가끔은 아찔한 기쁨을 발견할 것이다.

이러한 이유로 독자들에게 자기 자신에 대해 질문해보라고 권하기에 앞서 몇 가지 개념에 대해 숙고해보기를 당부하는 바다. 먼저 자신의 문제를 식별하고 나서 새로운 이론의 도움을 받아 그러한 문제를 해석해야 한다. 그러면 결국 구체적인 행동을 통해 문제를 해결할 수 있을 것이다. 우리는 생각하고 느끼고 행동하는 방식을 바꾸고 나서야 비로소 더 넓은 삶의 범위와 삶의 의미에 대해 자문해볼 수 있을 것이다. 그래서 이 시리즈에 포함된 책은 각각 크게 네 부분으로 나뉘어 다음과 같이 진행된다.

I. 진단하기

먼저 해결해야 할 문제를 규정할 것이다. 우리는 무엇으로 고통받고 있으며 인간의 조건을 결정하는 것은 무엇인가? 우리의 방황과 이런저런 착각을 정확히 어떻게 이해할 것인가? 문

제를 제대로 파악하는 것만으로도 이미 해결책을 향해 첫발을
내딛은 셈이다.

II. 이해하기

그렇게 명확히 이해하는 데 철학은 어떤 새로운 것을 가져다
줄 것인가? 우리 삶을 장악하려면 어떤 점에서 우리가 이해하
는 방식을 근본적으로 바꾸어야 하는가? 여기에서 소개하는 가
장 혁신적인 철학 명제에 힘입어 독자들은 자기 자신을 새로운
시선으로 바라보게 될 것이다.

III. 적용하기

인간에 대한 이러한 새로운 생각은 우리가 행동하고 살아가
는 방식을 어떻게 바꾸는가? 이 새로운 철학을 어떻게 일상에
적용할까? 어떻게 우리 생각이 그 자체로 우리의 현재 모습을
변형시키는 행동의 양상을 바꾸는가? 여기에서 독자들은 일상
에 적용할 수 있는 방법을 발견하게 될 것이다.

IV. 내다보기

끝으로 좀 더 형이상학적이고 사변적인 철학 명제를 소개할
것이다. 지금까지 독자들이 일상의 삶을 더 잘 관리할 수 있는

법을 배웠다면, 이제 자신의 존재를 더 분명하게 이해하기 위해 더 전반적인 의미를 발견해야 한다. 앞에 나온 세 장에서는 더 잘 살기 위한 방법과 수단을 가르쳐주었다면, 이제 이 마지막 부분에서 독자들은 삶의 목적, 삶의 궁극적 목적에 관한 질문에 직면하게 될 것이다. 삶의 목적은 세계와 그 안에서 내가 차지하는 위치에 대한 총체적이고 형이상학적인 전망 없이는 규정할 수 없다.

이 책은 읽기 위한 책일 뿐 아니라 행동을 유도하기 위한 책이기도 하다. 각 장마다 제시된 명제에 뒤이어 여러분의 삶에 관한 정확한 질문이 나온다. 수동적인 자세를 취하지 말고 소맷자락을 걷어붙여 여러분의 경험에 대해 질문하고 거기에서 솔직하고 적절한 답을 찾아내라. 구체적인 훈련은 철학의 가르침을 삶에 적용하도록 이끌어줄 것이다. 그와 같은 방식으로 철학의 가르침을 자신의 것으로 만들고, 이러한 가르침을 진지하게 실천할 수 있는 적합한 상황을 찾아보도록 노력하라.

여행을 떠날 준비가 되었는가? 놀라운 여행이 될 수도 있고 때로는 따분하고 때로는 충격을 주는 일면이 드러날지도 모른다. 스스로 안정된 토대 없이 새로운 사고 방식 속으로, 그에 따라서 새로운 삶의 방식 속에 내던져졌다고 지각할 용의가 있는가? 19세기 철학의 여러 관념을 관통하는 이 여행은 또한 자신의 가장 깊은 내면으로 여러분을 데려다줄 것이다. 책장을 넘겨가며 질문과 생각의 고리를 따라 니체의 사유가 어떻게 여러분의 삶을 바꿀 수 있는지 발견해보라.

허무주의, 인간적인 너무나 인간적인 질병

질병이 우리를 구원하리라

니체는 저서 『이 사람을 보라』에서 인생을 회고하며 다름 아닌 질병의 치유 과정을 삶의 결정적인 경험으로 꼽았다. 니체는 몸이 허약했다. 그는 죽기 전 십 년 동안 정신적으로 와해되기 전에 이미 반복적인 두통과 마비 증세, 소화 장애, 시력 문제로 힘들어했다. 이런 그에게 거주지와 기후, 음식의 변화, 스위스 산악 지역의 메마른 공기와 이탈리아의 강렬한 햇살은 그의 건강을 회복시켜주었다. 그러나 환경과 기후의 변화는 무엇보다도 그에게 가장 중요한 가치를 지닌 치유 방법이 되었다. 문화와 사회, 다시 말해 그의 삶과 사유 방식 역시 그를 병들게 할 수 있었기 때문이다.

질병을 통해 습관과 단절하게 된다

질병이 주는 첫 번째 혜택은 단절의 기회를 준다는 것이다. 질병을 통해 우리는 일상, 낡은 습관과 단절하지 않을 수 없게 된다. 질병은 우리의 환경, 우리에게 확실하고 안락해 보이지만 실제로는 우리를 구속하고 마비시키는 것으로부터 우리를 벗어나게 해준다.

> "질병은 우리를 서서히 자유롭게 만든다. 질병은 나에게 모든 단절, 모든 폭력적이고 불쾌한 과정을 허용해준다. (……) 질병은 그와 동시에 내게 모든 습관을 뒤엎을 수 있는 권리를 부여해준다. 질병은 나에게 태만을 허용하는 동시에 명령한다. 질병은 나에게 늘어진 자세, 여가, 기다림과 인내에 대한 의무를 선사한다. 그러나 사유로 인도하는 것이야말로 질병의 가장 큰 선물이다."(『인간적인 너무나 인간적인』, 4)

질병은 일상과 연결된 고리를 끊어내면서 우리 자신을 사유로부터 벗어나게 한다. 사유는 고독과 휴식 속에서 지금까지 우리를 가두고 있던 관습과 사회 생활을 규제하던 실천적 정언명법으로부터 벗어난다. 그러면 사유는 경계를 벗어나 떠돌고 자유롭게 비상할 수 있으며 또한 바닥으로 파고들어서 가라앉아 있던 이런저런 찌꺼기를 휘저을 수 있다.

질병은 우선순위를 바꿔준다

우리가 약해져서 고통으로 꼼짝하지 못할 때 관점이 변화하게
된다. 이전에 우리가 중요하게 여겼던 것이 이제는 우스꽝스럽
게 보이고 반면에 사소하게 여겼던 것이 중요해지는 것이다. 우
리가 무시했던 것들이 이제 중요한 문제가 된다. 질병은 우리를
우리 자신과 숨 막힐 정도로 가깝게 만드는 동시에 우리를 둘러
싸고 있는 것들과 가장 멀리 떨어지게 만든다. 이제 사물은 가
장 간결하고 냉정한 관점에서 보이게 된다. 고통의 프리즘을 통
과한 이 관점은 우리가 사물을 충분히 명료하고 정확하게, 무엇
보다 객관적으로 보게 해준다.

"근원적으로 고통받는 존재는 그 고통의 바닥에서 사물에 지
독할 정도로 냉정한 시선을 던진다. 건강한 시선으로 보았을
때는 사물이 습관적으로 젖어들었던 이러한 소소한 거짓 기쁨
은 모두 다 저절로 사라진다. 기쁨은 아무런 매력도 색도 없는
그 자체로 명료한 시선 아래 놓인다. 지금까지 우리가 어떤 위
험한 환상 속에서 살아왔다고 가정해보자. 고통스러운 현실은
이 망상에서 벗어날 수 있는 수단, 아마도 유일한 수단을 불러

낸다."(『여명』, II, 114)

질병을 통해 생명력을 발견하라

이렇게 질병은 가장 큰 고통 속에서 우리 자신 안에 잠들어 있던 생명을 발견할 수 있게 해준다. 고통에 직면한 생명은 생명을 강화시킬 수 있는 모든 것에 자양분을 주며 저항한다. 처음으로 우리는 덧없는 작은 기쁨, 일상적이고 가까이 있는 것, 지금까지 제기되었다가 결실 없이 대체된 갖가지 형이상학적 질문 때문에 우리가 잊고 있었던 것들의 중요성을 재발견하게 된다. 환자로서 우리는 더 이상 선택하지 않는다. 우리는 운명론에 굴복하지 않기 위해서 가장 세세한 부분까지 누려야 한다. 미소는 매번 승리가 된다. 호흡은 매번 즐거움이 된다. 언제나 내리비치는 햇살은 행운이 된다. 이처럼 우리는 "겨울의 행복", "벽에 비치는 태양의 흑점"을 안다.* 태양 앞에서 머리를 조아리는 도마뱀처럼 우리는 생에 대한 감사를 배운다.

질병을 앓는 도중에 중요한 무언가가 생산된다. 신체의 마비는 우리가 그것을 극복하도록 강요한다. 우리가 참패를 당한 몸에 저항하기 위해서 꼼짝없이 모든 신체의 힘을 동원하도록 만

---

* 『인간적인 너무나 인간적인』 I, 서문, 5.

든다. 이렇게 질병은 비관주의에 대처하는 가장 효과적인 치유
책이 된다.

"지금 이토록 오래 지속되고 있는 질병은 내 안에 존재하는 삶
을 재발견하게 해주었다. 다른 사람들은 쉽게 그렇게 하지 못
했지만 나는 온갖 좋은 것과 미세한 것을 모두 음미했다. 나의
철학은 살고자 하는 의지, 건강에 대한 의지로 만들어낸 것이
다. (……) 실제로 나는 철학에 몰두했다. 나의 생명력이 바닥이
었던 몇 년 동안 나의 허무주의는 중단되었다. 자신을 다시 구
축하고자 하는 본능이 빈곤과 실망의 철학을 자신에게 금지시
켰다."(『이 사람을 보라』, 「나는 어찌 이리도 현명한지」, 2)

질병, 비관주의에 대한 가장 훌륭한 치유책

우리를 질병에서 회복시키는 것도 어떤 의미에서는 질병이다.
인간에 대한 환멸과 인생의 권태, 만성적인 불만족은 건강할 때
에만 허용되는 사치다. 우리는 너무나 오만해서 고통에 직면해
서도 포기하지 않으려고 저항한다. 비관주의는 위협, 정신 작
용, 담대한 지성인 한에서 혹은 현실의 음울함과 함께 하는 이
중의 활력소로서만 정당하다. 그러나 고통의 단순한 결과에 불
과한 비관주의는 받아들일 수 없다. 그러면 우리는 영혼도 의지

도 본능도 없는 존재가 될 것이다. 이 존재는 자신의 신체를 지탱하는 모든 것을 생각 속에서 기계적으로 반향할 뿐이다. 고통의 정점에서 니체는 이렇게 소리친다. "우리가 고통받고 있다는 사실 때문에 비관주의자가 되어야 하는 것은 아니다." 그리고 그는 "낙관주의라는 약을 처방한다. 이것은 어느 날 비관주의가 되어도 좋다는 허락을 새롭게 얻고자 재구축하려는 목적을 위한 처방이다."*

회복 중인 이에게 짓궂은 즐거움, 중간 정도의 낙관주의라는 새로운 생기가 드는 것을 볼 수 있다. 그러나 이 즐거움과 낙관주의는 똑같이 즐거운 비관주의다. 왜냐하면 우리는 최선의 것을 인정하면서 최악의 것도 동시에 알아차리기 때문이다. 또한 자신에게 가벼움을 허용하는 고통을 우리가 겪었기 때문이다. 질병은 우리를 심오하게 만든다. 질병을 겪는 것은 결국 새로이 탄생하는 것이다.

"(……) 우리는 이러한 심연에서 다시 태어나게 되었다. 덮쳐오는 무거운 의혹 때문에 찾아온 소진에서 다시 회복되었다. 기쁨에 대한 미감은 더 섬세해지고 좋은 것을 표현할 수 있는 언어는

* 같은 책, II, 서문, 5

더 섬세해지며, 감각은 더 즐거워지고 기쁨 때문에 비롯된 이차적 무구성은 더 위험해졌다. 이로써 더 심술궂은 새로운 목숨을 만들어냈다. 동시에 이 목숨은 더욱 어린애 같고 50배나 더 섬세해졌기 때문에 이전에는 결코 가져보지 못했던 것이다."(『즐거운 학문』, 서문, 4)

갖가지 질병만큼이나 건강이 넘쳐난다

우리가 건강을 새로 깨닫는 것은 질병에 걸렸을 때뿐이다. 병에 걸리지 않았을 때에는 방어 본능과 회복력을 동원해야 할 이유가 전혀 없다. 건강은 인간이 소유하거나 소유하지 않는 정적인 상태가 아니다. 건강은 동적인 상태, 즉 질병에 대한 투쟁이며 정복이다. 그런데도 건강은 더 이상 질병의 반대항이 아니다. 건강은 낯설고 적대적인 영역에 인접한 자리에 속한다. 건강은 이 영역과 분명하게 경계를 지어야 한다. 건강과 질병 사이에 본성의 차이는 없고 정도의 차이만 있다.* 건강은 가장 조화롭고 정력이 왕성하며 가장 중심에 놓인 질병이다. 질병은 흐트러진, 무질서한, 고갈된 건강이다. 건강은 질병의 부재가 아니라 감염, 바이러스, 장애, 기형, 사고, 출혈, 유전적 결함 등의 부재

---

* 『유고(1888)』, 14[65].

다. 그리고 또한 건강은 질병의 부재, 그러니까 감염, 바이러스, 장애, 기형, 사고, 출혈, 유전적 결함 등의 부재가 아니라 질병에 대한 본능적 방어다.

만일 건강이 무엇보다도 질병을 극복하는 한 방식이라면 당연히 질병만큼이나 건강이 존재해야 한다. 우리는 유일한 건강, 정상적인 신체 상태, 우리가 건강하기 위해서 부응해야 하는 보편적 규범이 있다는 것을 더 이상 인정할 수 없다. 세계보건기구(WHO)의 지침이나 의학아카데미의 조언과 같이 모두에게 타당한 위생이나 생명 규칙은 더 이상 성립하지 않는다. 그러한 지침이나 조언을 따른다고 해서 최고의 생명력을 발견할 수 있는 것이 아니다. 관건은 자신에게 적절한 건강을 발견하는 것이다. 그러나 질병을 인식하지 못한 상태에서 우리 자신의 내적 방어력과 고유한 생명력을 인식할 기회는 거의 없다. 생명력은 필연적으로 정반대의 힘에 의해서 일깨워지고 그 반대의 힘을 향하고 있기 때문이다.

위대한 건강은 질병과 나누는 대화이다

니체는 '위대한 건강'이라는 개념을 만들었다. 질병은 특수한 시선으로 바라보아야 한다. 이것은 또한 건강에 대한 질병의 특수한 시선을 함축한다. 우리는 바로 병에 걸림으로써 건강을 보고 경험하도록 배우게 된다. 반대로 이 새로운 건강 덕분에 우리는 질병을 파악하고 그런데도 스스로 건강하다고 믿는 바로 그 지점에서 질병의 발현을 감지하게 된다. 이 위대한 건강 덕분에 질병은 새로운 인식 수단이 되고 실험 영역이 된다. 우리는 충분히 많은 건강을 발견하기 위해서 많은 수의 질병과 계약을 맺고 싶은 유혹에 빠질 지경이다!

"위대한 건강은 우리가 소유할 뿐 아니라 끊임없이 획득하고 있고 획득해야만 한다. 왜냐하면 우리가 끊임없이 이 위대한 건강을 희생시키고 있으며 희생시켜야 하기 때문이다."(『즐거운 학문』, V, 382)

역사상 이러한 위대한 건강을 보여주는 사례는 무수히 많다. 심지어 위대한 인간은 모두 다 투쟁, 자기초월, 승화된 모습, 질병이라는 타자로부터, 그것도 전적으로 개인적이고 고유한 방식으로 태어난다고 가정한다. 우리는 마르셀 프루스트의 구절이 헐떡이는 것을 자신의 천식과 함께 살아가는 한 방식으로 여기고, 반 고흐의 색채와 공간 감각을 자신의 정신적 문제에 대한 한 지각 방식으로 여긴다. 베토벤이 말년에 완성한 여러 작품에서 드러난 추상적 형식은 심해지고 있던 청각 장애에 대한 반응으로 여긴다. 게다가 작가 말콤 로리와 같은 극심한 알콜 중독자나 트렘펫 연주자인 쳇 베이커와 같은 마약 중독자들은 스스로 고유한 질병을 고안해내고, 신체 방어와 자기파괴적 성향을 통해 내면의 적을 발견할 필요가 있음을 보여준다. 그들은 이러한 적을 자극함으로써 자신의 활기와 방어력을 자극하고 마침내 스스로 활기를 얻는 방식에 오롯이 집중해야 할 필요가 있기 때문이다.

질병, 자기 인식에 이르는 길

니체는 그렇기 때문에 건강을 의견의 자유와 비교했다. 우리는 개인의 의견만큼이나 고유한 건강이 필요하다. 왜냐하면 "어떤 사람이 건강을 위해서 필요로 하는 것이 다른 사람에게는 질병의 원인이 되기 때문이다"(『인간적인 너무나 인간적인』, I, 5, 286). 질병을 앓는 것은 이렇게 해서 자기 탐구가 된다.

"건강은 그 자체로는 존재하지 않기 때문에 사물의 유형을 정의하려는 모든 시도는 처참하게 실패로 끝나게 된다. 너의 신체를 위해서 건강 자체가 의미해야 하는 것에 대한 결정은 너의 목표, 너의 지평, 너의 충동, 그리고 특히 너의 영혼이 가진 이상과 환상에 달려 있다. 신체의 건강은 셀 수 없을 정도로 많

이 있다."(『즐거운 학문』, III, 120)

뛰어난 몇몇 사람에게 자신의 소명, 치유책, 건강을 되찾도록 강요하는 것은 확실히 질병이다. 그들에게는 선택의 여지가 없다. 만일 그들이 자신의 고유한 길을 찾지 못했다면 그들은 병원이나 수용소, 감옥 혹은 공동묘지에서 생을 마감했을 것이 확실하다. 어떤 관점에서 우리는 이들이 소위 정상적인 건강 상태에서 안락하게 살고 있는 우리보다 훨씬 더 건강하고 활기 있고 강건함을 인정해야 한다. 물론 이러한 사실에 대해 전혀 회의가 없는 것은 아니다.

"질병은 촉발하는 힘이다. 그러나 이 활기를 위해서는 충분히 건강해야 한다."(『유고(1888)』, 15, [118])

우리는 이러한 촉발이 가능할 만큼 건강한가? 아마도 우리는 앓고 있는 질병에 대해 제대로 알지 못할 것이다. 아마도 아직 우리 자신의 치유책, 생기, 고유한 소명을 발견하지 못했기 때문일 것이다. 우리가 앓고 있으면서도 제대로 파악하지 못한 이 질병은 무엇인가? 가장 특수한 질병에서 파생된 가장 일반적이고 가장 심오한 이 질병은 무엇인가?

짚고 넘어가기

1 최근 병에 걸렸거나 일시적인 고통을 느꼈을 때 이 고통이
당신의 지각을 변화시킨 방식에 주의를 기울여보라. 사물
이 더 멀게 느껴졌는가? 혹은 더 가깝게 느껴졌는가? 사물
이 더 선명하게 혹은 더 중립적으로 보였는가? 고통에 의
해서 영향을 받은 이러한 지각의 일정 부분을 유지하면서
소위 '정상적인' 삶에 이 부분을 활용할 수 있겠는가?

2 고통을 겪고 질병을 앓으면서 지각이 변화되고 우선순위
가 조정되었는가? 고통 덕분에 어떤 사물이 중요성을 상
실하고 짐작조차 못했던 다른 사물이 중요성을 획득하는
경우를 경험해본 적이 있는가? 질병이 당신으로 하여금
중압감에서 벗어나게 해주고 근심에서 자유롭게 해주었
는가? 질병이 당신을 가볍게 해주었는가? 그와 동시에 질
병이 당신에게 힘과 무게중심을 전해주었는가?

3 당신은 좌절과 무력감을 느끼는 모든 경우를 알고 있는

가? 그런데 언제 그것들이 갑자기 찾아오는가? 언제 용기를 꺾어버리는 고통, 어려움, 슬픔에 직면하는가? 만일 그와 반대로 아무런 장애물도 시련도 없기 때문에 무기력해진다면 당신은 고통과 투쟁하면서 힘을 발견할 수 있을 것인가? 만일 그렇지 않다면 미미하게 생명력이 드러나는 경우, 경미하게 고통에 대해 저항하는 경우에 주목하는 법을 배워라. 그렇게 저항하는 경우야말로 가장 심하게 병들고 가장 크게 좌절한 상태로부터 소생하는 것이다. 때때로 가장 냉소적인 미소가 당신을 좌절에서 구해줄 수도 있다. 만약 당신이 어떤 일이 있더라도 그러한 미소를 살고자 하는 욕망의 길잡이로 여길 수만 있다면.

4   당신의 삶의 방식에서 특히 강렬한 활기를 느끼는 순간, 생산성이 대단히 커지는 순간 혹은 특별히 지각 가능한 감성을 알아차릴 수 있는가? 그 순간에 당신의 상태는 사람들이 습관적으로 판단하는 '정상적인' 건강이나 안녕

의 상태에 부합하는가? 혹은 일부 사람들이 '병리적'이라고 판단하는 상태에 부합하는가? 예를 들어 당신은 쉬고 있을 때 아니면 매우 피곤할 때 살아 있다고 느끼는가? 공복 상태일 때 혹은 잘 먹고 난 후에 살아 있다고 느끼는가? 더위를 느낄 때 혹은 추위를 느낄 때 살아 있다고 느끼는가? 이러한 몇몇 특별한 상태의 발자취를 따라가다 보면 당신은 '위대한 건강'을 발견할 수 있을 것이다.

신은 죽었다.
그러나 신의 그림자는 죽지 않았다!

니체가 진단하고 치료하고자 했던 질병은 일명 허무주의다. 이는 존재가 의미를 갖지 않고 삶에 가치가 없으며 노력이 고통보다 가치가 없다는 자각, 모든 것의 가치는 동등해서 선과 악, 부와 빈곤, 아름다움과 추함 사이에 가치의 차이가 없다고 느끼는 것이다. 그러므로 모든 것이 무無이기 때문에 무는 존재보다 더 가치 있고, 죽음이 생명보다 더 가치 있다. 우리 자신을 의기소침하게 만드는 사건을 겪고 나면 우리는 이 모든 감정을 다 알게 된다. 우리는 더 이상 아침에 일어나지 않게 될 것이다. 왜냐하면 우리 자신의 여정에서 고통을 감수하고 따를 만한 가치가 있는 어떤 목적지도 발견하지 못할 것이기 때문이다. 우리는 더이상 다가온 모든 것에 관심을 두지 않을 것이다. 좋건 싫건 사물은 그 가치와 향취를 잃고 말았다.

더 이상 삶에 목적이 없을 때

이러한 개인적인 허무주의 그리고—바라건대—단속적인 허무주의의 이면에서 니체는 더 일반적인 우울을 간파해낸다. 때때로 은밀한 방식으로 작용하는 모든 문명의 우울, 모든 시대의 우울이 바로 그것인데, 니체는 매우 간략하게 이 허무주의를 다음과 같이 묘사한다.

> "허무주의: 이것은 목적이 결여되어 있고 '왜?'라는 질문에 대한 답이 결여되어 있다. 허무주의가 의미하는 것은 무엇인가? 가장 고귀한 가치를 잃어버리고 말았다는 것인가?"(『유고 (1887)』, 9[35])

허무주의는 그러므로 무력한 실천과 가치가 없는 이론을 연상시킨다. 사람들은 더 이상 움직이지 않게 된다. 결국 사람들은 더 이상 삶의 의미도 자신이 헌신할 만한 목적도, 자신이 옹호하거나 존중할 가치도 믿지 않게 된다. 이렇게 우리가 그 동안 가졌던 믿음을 더 이상 갖지 않게 만드는 것은 무엇인가? 왜 가장 고귀한 가치를 잃게 되는가? 환멸 때문인가? 배신 때문인가? 삶에서 겪는 사건 때문인가? 아니면 단순히 좌절 때문인가? 반복적인 실패로 지쳤기 때문인가?

니체에게 철학을 가르쳐준 아르투르 쇼펜하우어에게 존재를 그 자체로 아무런 가치가 없게 만드는 것은 존재의 가차 없는 잔혹함이다. 삶은 억제할 수 없는 우리의 맹목적인 욕망을 만족시키기 위해 끊임없이 투쟁하는 것이다. 욕망은 충족되는 즉시 우리를 실망시키고 우리 자신을 더욱 절망적인 새로운 추구로 내몬다. 결과적으로 "삶은 추와 같이 고통과 권태 사이를 왔다 갔다 한다"(『의지와 표상으로서의 세계』, 1. c. §57). 쟁점의 요체는 자살을 선택함으로써가 아니라 자신의 내면에 살아 있는 모든 것을 포기한 사람처럼 죽은 듯이 살면서 욕망을 단념하고, '생의 의지를 부정하고', 삶보다 죽음을 선호하는 것이다.

좌절 속에서 모든 것은 헛되고 고통스럽게 보인다. 우리는 이러한 좌절을 가져오는 모든 사건에 대해 알고 있다. 어떤 사람들에게 격렬한 욕망은 민감한 감수성과 결합된 결과 욕망, 의지, 생이 필연적으로 그들에게는 부조리하고 끝없는 고통인 것처럼 보인다. 어떻게 그런 상황에 처할 수 있는가? 어떻게 삶이 자신을 부정할 수 있는가? 이것이 니체를 괴롭힌 질문이었으며, 이 질문으로 그는 자신의 스승과 점점 더 정면으로 대립하게 되었다.

믿음이 불가능해질 때

허무주의에 대한 인식은 무엇보다도 니체가 말한 '신의 죽음'에 의해서 촉발되었다. 우리 문명과 문화, 과학, 도덕적 감수성이 진보함으로써 신의 존재와 다양한 종교에서 비롯된 각종 교리를 점점 더 믿지 못하게 되었다. 처음에 완전한 파국의 시작은 다음과 같이 선포되었다.

"광인이 그들 가운데로 뛰어들어 매서운 시선으로 바라본다. '신은 어디로 갔는가?'라고 그는 소리를 지른다. 나는 당신에게 그것을 말하려고 한다! 우리는 신을 죽였다. 당신과 내가. 우리는 모두 신의 암살자이다! 그러나 우리는 어떻게 그렇게 했는가? 우리는 어떻게 마지막 한 방울의 바닷물까지 마실 수 있었는가? 누가 우리에게 모든 수평선을 사라지게 만들 수 있는 해면을 주었는가? 우리는 무엇을 이 지평선에서 떼어놓았는가?" (『즐거운 학문』, III, 125)

정말로 인간이 신을 처형했는가? 아니면 신이 그 자신의 모순에 의해 힘을 잃은 나머지 자연적 죽음에 굴복했는가? 왜 우리는 더 이상 신을 믿지 않게 되었는가? 왜 우리는 우리에게 저항하고 권위를 부정하려는 자의적 욕망 혹은 최고의 권위에 대한 고려 없이 우리의 갈망만을 따르겠다는 자의적 욕망에 이끌리는가?

종교는 신을 죽였고 인간은 자신의 나침반을 잃었다

니체는 '기독교가 일견 의구심을 갖게 만드는 것은 스스로 우리에게 주입했던 가치에 의해서'라고 가르친다. 기독교는 우리에게 신과 마찬가지로 진리도 숭배하라고 가르쳤다. 그러나 우리가 종교의 허구를 의심하도록 강요한 것은 바로 이 진리에 대한 깐깐한 사랑이었다. 기독교는 고백의 윤리를 어겼다. 그러나 기독교가 자신의 적을 상대할 때 윤리적 과민성 때문에—이 세상에서나 피안에서나—드러내는 절대적 냉혹함을 우리는 이제 더 이상 참을 수 없다.

"어떤 점에서 우리는 더 이상 기독교인이 아닌가? 우리는 기독교를 극복했다. 우리가 기독교에서 벗어났기 때문이 아니라 우리가 기독교와 매우 가까운 곳에서 살았기 때문이다. 더군다나 거기에 우리의 근원이 있기 때문이다. 오늘날 우리가 더 이상 다시 기독교인이 되지 못하게 가로막는 것은 더욱 엄격하고 더욱 까다롭고 더욱 요구가 많은 신앙심이다."(『유고(1885~1886)』, 2[200])

그렇다. 우리는 신을 죽였다. 그런데도 니체가 말한 '정직성'은 우리의 양심과 엄격함, 양심의 가책, 도덕적 감수성, 지적 성실성이다. 신의 죽음이라는 면에서 죄가 되는 것은 종교의 의무인 양심, 엄격함, 도덕적 감수성, 지적 성실성이다. 우리는 사랑의 결핍 때문에 신을 죽인 것이 아니다. 반대로 우리는 신이 결코 죽지 않기를 희망할 것이다. 신이 신의 약속을 지키고 그가 우리에게 계시한 가치를 존중하기를 희망할 것이다. 그러므로 신의 죽음은 하나의 속임수 이상의 의미를 갖는다. 인간은 신의 배신을 인정하고 진정으로 포기해야 한다. 하지만 이렇게 하지 못한 인간들은 더 이상 무게중심을 갖지 못한 채 현기증에 시달리며 자유낙하를 체험하게 된다.

신의 죽음은 인간에게 방향과 의미의 상실을 초래했다. 기독교는 기원에 대한 이야기와 종말에 대한 전망을 제시하는 한편, 천국과 지옥의 도식을 통해 인간을 천상과 암흑의 중간에 놓으면서 시간과 공간을 체계적으로 구축했다. 기독교는 인간을 위해 지상을 살 수 있는 곳으로 만들었다. 기독교는 울타리, 벽을 비롯해 인간의 시선을 쉬게 하기 위해 멀리 떨어진 정원을 건설하고 인간을 허무의 폭풍우로부터 보호하기 위해 교리를 정립했다. 또한 인간이 똑바로 설 수 있도록 종루와 첨탑을 만들었다. 모세에게 준 십계명, 죄악, 미덕, 영원한 삶에 대한 신의 약속, 과오의 보속補贖, 희생에 대한 보상을 통해 종교는 인간에게 목적, 희망, 삶의 모든 고통에 대한 위안을 제공했다. 이런 까닭에 인간은 신의 죽음을 통해 자신들의 고통, 어려움, 존재의 부조리를 감수하게 해주었던 일반적인 틀을 상실했다.

신의 죽음보다 신의 고안이 허무주의에 더 많이 연관된다

점점 허구로 드러나는 믿음의 상실이 어떻게 인생을 견딜 수 없는 것으로 만드는지 질문해볼 수 있다. 어떤 연유로 우리는 살아가는 데 허구를 필요로 하게 되었는가? 만일 우리가 신을 믿기를 원한다는 것보다 더 근본적인 것이 문제가 된다면? 진실로 우리는 신을 믿기를 중단해야만, 그리고 삶의 목적과 가치를 상실해야만 허무주의자가 되는 것은 아닌가? 반대로 우리는 이미 허무주의자이기 때문에, 그래서 이미 삶의 가치와 목적을 발견하지 못했기 때문에 신을 믿을 필요가 없어진 것은 아닐까?

여기에 니체의 심오한 직관, 니체 고유의 매우 뛰어난 직관이 있다. 허무주의는 신의 죽음이 아니라 신의 탄생 그 자체로부터 시작되었다는 직관. 허무주의는 최고 가치를 설정할 필요성 때문에 발생한 것이 아니다. 그렇기 때문에 최고 가치의 추락에서 발생한 것이라 할 수 없다. 허무주의는 신을 믿을 필요와 무관하듯이 신에 대한 믿음이 중단된 결과도 아니다. 우리가 병든 것은 우리가 더 이상 치료약을 가지고 있지 않아서가 아니라 처음부터—불가피하면서 어쩌면 유해할지 모르는—치료약을 필요로 했기 때문이다. 그러므로 신의 죽음은 허무주의의 원인이 아니라 결과다. 니체는 다음과 같이 서술한다.

"다음 내용을 증명해보자. 허무주의를 생각하는 방식은 도덕적 가치 그리고 성스러운 가치에 대한 믿음의 결과다. 잘못된 방식으로 가치가 제기될 때 그리고 이러한 과오를 깨달을 때 세계는 가치를 상실한 것으로 나타난다."(『유고(1888)』, 22[3])

우리는 여기서 일차적 허무주의—기독교에서 숭배하는 신의 탄생—와 관련하여 이차적 허무주의—신의 죽음—가 갖는 관점의 오류를 볼 수 있다. 우리는 기독교에 의거한 가치 상실을 삶 자체의 가치 상실과 혼동하고 있다. 삶 자체가 더 이상 가치를 가지지 않는 것은 기독교의 가치가 오류로 드러났기 때문이 아니다.

역할을 대신하는 우리 신들
신의 죽음이 우리 뒤에 있다는 것, 그럼으로써 신의 죽음이 역사의 일부를 형성했다는 것, 그 후 우리가 더욱 인간적이고 삶에 더욱 밀접한 가치를 구축하는 법을 배웠다는 것에 이의를 제기할 수 있을 것이다. 그렇지만 기독교에서 숭배하는 신의 죽음만이 유일한 사건은 아니다. 대단히 많은 신이 매일 죽는다. 내면의 신들, 사회적, 정치적, 예술적, 감정적 신들 말이다. 우리는 모두 삶에 의미를 부여하기 위해 우상과 이상, 크고 작은 신성—정치적 이상향, 숭배할 여성, 경력관리—을 필요로 한다. 우리는 이러한 이상의 죽음 앞에서 무너진다. 사실 니체는 신의 죽음에 뒤이어 그 신을 대신하는 신들이 무수히 죽게 되리라는 것을 예견했다. 우리는 또한 쉽게 습관에서 벗어나 또 다른 인위적인 우상을 창조하여 오랫동안 숭배해야 할 것이다.

> "새로운 전투—부처가 죽은 후에도 사람들은 여전히 수세기 동안 동굴 속에서 그의 그림자, 참으로 가공스럽고 무서운 그림자를 보여주었다. 신은 죽었다. 그러나 인류에게는 수천 년 동안 이러한 동굴이 존재하게 되었다. 그리고 그러한 동굴의 바닥에서 인간들은 그 그림자를 드러냈다. 우리는 또한 그 그림자를 정복해야 한다."(『즐거운 학문』, III, 108)

기독교인의 공포에서 전승된 현대인의 공포
20세기는 대체 종교가 그리는 이상향, 이데올로기, 신의 그림자들의 세기다. 니체에게 신의 첫 번째 그림자는 사회주의였다. 그는 사회주의에 대해 정확히 알지는 못했기 때문에 사회주의를 공산주의나 무정부주의와 혼동했다. 그는 사회주의에서 또 다른 방식으로 지속하는 기독교만을 보았다. 니체는 다음과 같이 사회주의 속에 드리워진 기독교를 보았다. 많은 사람은 수용소 군도, 중국의 문화혁명, 크메르루즈의 양민학살이라는 공포와 만나는 것, 베를린 장벽의 붕괴를 신의 죽음과 동등하거나 그것을 능가하는 트라우마로 겪게 되었다. 1980년대 공화주의자로 전향한 트로츠키주의자 집단, 과도한 이윤추구, 요란스러운 문화적 상대주의, 나쁜 취향에 대한 반어적 매혹, 한편으로는 근거 없는 도발과 다른 한편으로는 약물 중독이나 테러리즘을 통해 계속해서 지옥으로 추락된 이후 수십 년에 관해 말하자면 이 수십 년은 냉소주의나 우울증으로 이어진 허무주의의 시기였다.

니체에게 신의 두 번째 그림자는 과학이다. 실험에 대한 기호, 대담한 가설과 의심의 기술—니체가 스스로 주장했던 과학적 문화의 본질적 양상—이 아니라 맹목적 믿음, 우리의 모든 문제를 해결해줄 것이라 믿는 절대적 진리에 대한 맹신이 바로 그것이다. 인간을 영원한 삶으로부터 의학이나 유전자 조작을 통해 개선하려는 시도로 이끄는 의지가 인간의 삶에 드리워진 이후, 최근에 드러난 과학적 자만은 니체에게 과학이 종교가 비워둔 자리를 차지하려 한다고 믿을 만한 근거를 제공한다.

허무주의를 두려워하지 마라

니체의 주장에 입각해 문화적 허무주의에 대해 분석하는 것은 우리 내면의 허무주의와 우울증에도 적용된다. 우리가 사랑하는 사람에게 배신을 당했을 때, 정치적 이상이나 직업 때문에 실망했을 때 우리는 비탄에 빠지는 것이 이상을 상실했기 때문이라고 믿는다. 하지만 우리는 이러한 비탄이 더욱 오래된 것임을, 그리고 우리가 이상을 그토록 필요로 하게 된 것은 이 비참함 때문임을 이해해야 한다. 그러므로 우리는 허무주의를 직시해야 하고 삶에 의미가 없는 것을 그럭저럭 견뎌내야만 한다. 우리는 더 이상 그 무의미함을 감추기 위해서 대체 신의 뒤에 숨을 수 없다. 우리는 더 이상 고대의 신성 숭배 사상 뒤로 물러나 피난처를 찾을 수 없다.

"보수주의자들의 귀에 조용히 속삭일 것─오늘날 사람들이 알고 있고 알아야 할 것은 예전에는 미처 그들이 몰랐던 것이다. '후퇴', 어떤 의미에서 뒤로 돌기는 절대 불가능하다. (……) 거기서 할 수 있는 것은 아무것도 없다. 전진하는 것, 나는 퇴라 속에서 한 걸음 한 걸음 계속 나아가는 것(이것이 근대적 진보에 대한 나의 정의다)이라고 말하고 싶다. 이러한 발전 과정을 저지할 수 있다. 이렇게 저지함으로써 퇴락 자체를 저지할 수 있다. 축적하기. 이 전개에 예기치 못함과 격렬함을 가져다줄 수 있다. 우리는 더 이상은 할 수 없다."(『우상의 황혼』, 「비현실적인 것의 역습」, 43)

'가치의 위기'에 직면하여 가치는 잊고 위기 속에서 서두르자. 우리는 니체가 말한 '퇴락' 속에서 의미의 완전한 해체와 같은 어두운 밤에 향후 우리의 가치가 될 것들의 섬광을 보게 될 것이다. 그리고 이러한 가치가 바로 우리 삶을 창출할 것이다.

짚고 넘어가기

1 모든 것의 의미가 해체된 것처럼 보이는 순간을 경험한 적이 있는가? 더 이상 아무것도 당신의 흥미를 끌지 못하고 있음을 느낀 적이 있는가? 만일 그렇다면 당신은 이러한 의미 상실을 무엇 탓으로 돌릴 것인가? 가능한 정확하고 정직하게 답하도록 노력하라. 단순한 질문이 아니다!

2 당신이 성숙했다고 느끼는 데 '이상', 반드시 종교적인 것은 아닌 '신성', 당신 자신으로부터가 아니라 당신 밖에서 온 '목적'이 필요한가? 그렇다면 왜 그런지 설명해보라. 그리고 이러한 이상, 신성, 목적이 없다면 당신의 인생이 어떠할지를 생각해보라. 당신은 이러한 인생을 견딜 수 있겠는가? 아니면 이러한 인생은 당신에게 부조리하게 다가오는가?

3 당신 자신에게서, 일상의 사소한 동작에서, 삶이 당신에게 마련해둔 놀라운 경험에서 충분히 의미를 발견하는 데

성공했는가? 아니오라고 대답한다면 발견하려고 시도해볼 수 있겠는가? 당신 스스로 의미를 발견해볼 수 있겠는가? 어떤 점에서 인생은 더 이상 '이상', '신', '가치'와 같이 외부에서 온 무언가에 의해 정당화되지 않고 삶 그 자체에 의해 정당화될 수 있을 것인가?

4   당신은 상실, 속임수, 배신 앞에서 어떻게 반응할 것인가? 당신은 다시 뒤로 돌아가서 당신이 상실한 것을 되찾거나 당신이 상실한 것과 유사한 대체물을 찾길 원하는가?

5   이렇게 상실을 겪고 난 이후에 당신은 거기에 이어 찾아오는 비참함이나 낙담의 상태를 어떻게 설명할 것인가? 당신은 그것을 단지 사랑했거나 혹은 숭배했던 대상의 상실 탓으로 돌릴 것인가? 혹은 지금 느끼는 비참함이 상실 이전에, 심지어는 이상이나 사랑하는 대상을 발견하기 이전부터 이미 존재해온 것임을 간파할 수 있겠는가? 이러

한 근원적 비참함을 지각함으로써 당신은 두려움, 수치심
을 느끼는가?

행복, 허무한 이들을 위한 묘약

인간은 오래된 이상 세계와 인간이 지각하기 시작한 현실 세계라는 두 세계 사이에 분열되어 있다. 플라톤 철학의 전통에 따라 표현하자면 플라톤이 믿는 대로 선과 진리—삶에 이로운 것과 실제로 존재하는 것—는 동일하지 않다. 인간은 두 종류의 가치에 몰두해 있다. 한편으로는 선을 믿고, 다른 한편으로는 진리를 믿는다. 인간은 자신에게 삶을 허락하는 거짓을 고수하고 싶어 할 것이다. 그러나 인간은 더 이상 그럴 권리가 없음을 안다. 인간은 이처럼 균형잡히지 않은 모순을 보인다. 인간의 판단과 희망이 서로 모순되기 때문이다.

"현대인은 생물학상으로 가치의 모순을 나타낸다. 인간은 두의자 사이에 앉아 있다. 인간은 하나의 동일한 입김으로 예와 아니오를 말한다."(『바그너의 경우』, 에필로그)

편안히 회의주의자가 되어라

예와 아니오를 분리하지 못하는 것은 이제 허무주의의 중요한 특징이 된다. 허무주의는 더 이상 분명한 예와 명백한 아니오를 알지 못한다. 허무주의는 포기하는 것도 실천하는 것도 거의 알지 못한다. 허무주의는 더 이상 선호도의 우선순위를 정하지도 못한다. 허무주의가 입장을 취하는 것은 잘해야 반어적이거나 기껏해야 위선적인 방식을 통해서다. 이렇게 해서 회의주의가 허무주의 시대에 대한 보상심리에 의해 그 반대인 맹신을 겨냥할 때 허무주의 시대의 철학이 된다. 니체에게는 회의주의를 보는 두 가지 방식이 있다. 한편으로 회의주의는 지적 요구와 위대한 자유가 발현된 것이다. 모든 독단, 모든 확실성에 굴복하기를 거부하는 것은 정신의 힘이다. 이러한 자격으로 회의주의는 모든 참된 사유의 예비 조건이다. 모든 능동적 방식에 대해 회의적인 태도를 취한다는 것은 새로운 사상의 실험이며 새로운 삶의 방식에 대한 시도다.

"나는 모든 회의주의를 칭찬한다. 나는 그러한 회의주의에 대해 이렇게 답해도 된다. '시도하라!' 그러나 나는 경험을 인정하지 않는 질문과 사물에 대해 하는 말은 더 이상 듣고 싶지 않다. 이것이 진리의 의미에 대한 나의 기준이다. 왜냐하면 거기서 용기는 그 권리를 잃었기 때문이다."(『즐거운 학문』, I, 51)

그러나 회의주의 또한 정반대의 것이 될 수 있다. 그러면 회의주의는 수정적 회의주의가 되어 어떤 관념을 긍정하거나 옹호하기에 대한 두려움, 어떤 관념을 드러내놓고 말하기에 대한 두려움으로 이해된다. 이것은 지적 안락의 한 형태, 행동을 막는 침묵, 어두운 관념을 배설시키는 완화제가 된다. 이러한 의미에서 회의주의는 가장 합의하기 쉬운 철학으로 입증된다. 당파를 만드는 것에 대한 두려움 때문에 회의주의는 모든 것에 적응하게 된다.

"'사람들은 이미 참기 어려운 소음으로 넘쳐나는 귀를 갖고 있지 않은가?' 회의주의자들은 고요의 친구인 양, 공공질서를 감시하는 경찰인 양 처신하며 말한다. '이 은밀하지도 않은 자, 참기 어렵도다! 당신은 마침내 침묵할 것인가? 비관적인 두더지들이여!' 왜냐하면 회의주의자, 이 섬세한 피조물은 너무 쉽게 두려워하기 때문이다. 그의 양심은 최소한의 부정에도 더욱이 단호하고 엄격한 긍정에 대해 경련을 일으키며 무언가에 물린 듯이 느끼도록 훈련되어 있다."(『선악을 넘어서』, VI, 208)

회의주의는 우리를 파멸에 이르게 할 수 있는 갖가지 관념에 대한 저항 작용을 이렇게 드러낸다. 그러나 동시에 회의주의는 허약한 의지의 형태를 드러낸다. 결단을 내리거나 긍정도 부정도 할 수 없는 것. 관념을 위해 몸과 마음을 바칠 줄 모르는 것. 회의주의자는 허무주의자와 마찬가지로 그 본능을 상실한 자다. 그는 자신에게 좋은 것, 자신의 신체가 필요로 하는 것을 더 이상 알지 못한다. 그는 동요를 지성적 태도 아래 숨긴다. 만일 회의주의가 처음에는 일종의 해방—전통의 제약, 우리의 관습, 지배적인 여론으로부터 해방되는 것—이라면 그 다음 단계에서 회의주의는 이러한 회의적 해방에서 해방될 수 있어야 한다.

두 회의주의—위기의 회의주의와 안락의 회의주의—사이의 구분은 니체가 허무주의의 두 가지 발현 방식—능동적 허무주의와 수동적 허무주의—을 구분한 것에서도 발견된다. 결과적으로 허무주의에서는 정신의 허약함과 마찬가지로 정신의 힘도 그 원인이 된다. 우리는 우리 시대의 이상에 대해 더 이상 믿지 않는다. 우리의 정신이 너무 강해졌고 요구가 너무 많아졌기 때문이며, 이러한 이상에서 허약함과 기만만을 보기 때문이다. 우리는 너무 많은 노력이 요구되는 것을 믿기에는 정신적으로 너무 허약한 상태에 있기 때문에 믿는 것을 중단할 수 있다. 지치고 피곤하고 무기력해진 우리는 더 이상 우리의 예전 가치를 유지할 수 없을 정도가 되었다. 그리고 그 결과 수동적 허무주의가 손쉬운 해결책으로 등장했다. 우리는 이제 믿음의 무게를 감당하거나 그 요구를 수용해야 한다는 부담에서 벗어났다. 능동적 허무주의는 우리 가치의 붕괴 현장을 새로운 가치의 실험 현장으로 이용하는 반면, 수동적 허무주의는 가치를 잃어버린 것에 대해 만족스러워할 뿐이다. 최상의 가치의 종말은 허무주의의 초라함과 무기력함에 대한 최고의 변명거리가 된다.

더 이상 무를 갈망하지 않다니 얼마나 감미로운가!

수동적 허무주의자에게 최상의 가치를 무로 돌려버리는 것은 행운이다. 가치의 추락은 우리에게서 노력과 규율 면에서 일정 경지에 이르러야 한다는 의무를 면제해준다. 이러한 규율은 이상에 대한 모든 열망에서 나온다. 기독교를 겨냥하는 모든 비판에도 이러한 이상은 인간에게 하나의 규율로서 부과됨을 인정해야 한다. 그리고 인간은 이 규율을 극복해야 할 의무가 있다. 기념비적인 성당 건축, 이탈리아 르네상스 시대의 정교한 성모상은 그것에 대한 몇 가지 증거에 지나지 않는다. 그런데도 이러한 위대한 과거를 통해 우리는 우리 고유의 초라함과 직면하게 된다. 여기서 왜 수동적 허무주의가 모든 이상의 소멸을 찬미했는지 알 수 있다. 이상은 허무주의에 기껏해야 끊임없는 빈정거림만을 부추기기 때문이다.

또한 수동적 허무주의가 왜 개인들 간의 어떤 불평등과 차이, 거리도 지지하지 않는지도, 그리고 수동적 허무주의가 그 닮은꼴에게 끊임없이 덤벼야 할 필요가 있는지도 역시 설명된다. 인간의 완전한 동등함은 인간에게 서로 비교해야 한다는 의무를 면제해준다. 이웃이 우연히 가진 우월함은 인간에게 우월함에 대해 다시 질문해야 할 의무, 그리고 그것을 극복하거나 추구해야 할 의무를 더 이상 부과하지 않는다. 최악의 사태는 타자의 탁월함을 목격함으로써 자기 경멸에 도달할 수 있다는 것이다. 만일 우리가 더 이상 경멸할 수 없다면 숭배할 수도 없을 것이다. 인간은 모든 자기 정복에 필수불가결한 이 두 감정을 몰아낸 것처럼 보인다.

이러한 동등함의 관념은—그러나 반대의 결과를 가져올 수 있는 다른 개념도 확실히 존재한다—인간의 일반적인 위축을 가져온다. 왜냐하면 인간은 그러한 위축을 극복하게 해주는 그 무엇도 —신도 스승도—더 이상 갖고 있지 않기 때문이다. 그 어떤 위대함도 그 앞에서 인간을 작게 만들어 소멸시킬 정도로 위대할 수 없다. 니체의 눈에 이러한 인간은 최후의 인간이다. 결과적으로 인간 존재가 더 이상 위대해지지 않을 때 인간은 그의 종말 자체를, 비록 이 종말이 끝나지 않는다 하더라도, 접할 수 있다. 당연하다는 듯이 건강에 심취한 이 최후의 인간은 인간의 역사에서 가장 오래 산 인간이다. 그러나 그렇게 오래 사는 것은 그에게 남은 유일한 목적이다.

행복은 목적이 아니라 단지 부차적인 결과일 뿐이다

이상, 욕망, 내면의 광기를 모두 상실했을 때 우리에게는 단 한 가지만 남게 된다. 행복이 바로 그것이다. 행복은 이처럼 전형적으로 허무주의자의 이상이다. 쇠퇴, 퇴락, 고갈의 시대가 범한 과오 때문에 피어난 이상. 우리는 마지막 경우에만, 욕망하거나 원하거나 더 이상 자기 밖으로 뛰어들 용기도 없는 경우에만 행복해지기를 소망한다. 오늘날 우리가 공동 작업에 착수할 수 없을 때, 이상적이기만 한 왜곡된 시각으로 볼 때, 지나간 프로젝트를 때때로 위험한 실패로 생각할 때, '행복해지는' 법을 가르쳐준다고 보장하는 책이 넘쳐날 때 마지막으로 행복해지려고 하는 것은 이상한 일이 아니다.*

행복은 확실히 실제적이고 바람직한 상태다. 니체는 항상 행복이 단지 부차적 결과일 뿐이라는 것을 상기시켰다. 우리는 단지 더 중요한 어떤 것, 더 고양된 목적의 결과로서만 행복해질 수 있을 뿐이다. 우리는 계획을 실현하고 장애를 극복하고 내기에서 이기고 우리가 가진 힘을 증대시켰을 때 실제로 행복하다. 그런데도 참된 행복은 다른 것—또한 우리를 불행하게 하는 것—을 겨냥했을 때 도달할 수 있다. 만일 행복을 그 자체로서 열망한다면 우리는 확실히 보잘것없고 무미건조하고 지루한 행복만을 만날 것이다. 모든 정의로운 사회의 목표로 '최대 다수의 최대 행복'을 설정한 영국의 공리주의와 반대로 니체는 다음과 같이 서술한다.

"만일 사람들이 저마다 인생에 대해 상대적인 '왜?'를 갖는다면 사람들은 거의 모든 '어떻게'에 대해 공감할 것이다."(『우상의 황혼』, 「격률과 독설」, 12)

행복은 그 자체로는 지속성이 없는 공허한 상태에 불과하다. 행복에서 목표, 내용, 목적을 박탈한다면 행복은 단지 그것이

---

* 이에 관해서는 나의 저서 『비참한 날엔 스피노자』를 볼 것. 그러나 회복의 과정 중에 행복은 필수적인 중간 단계로 이성으로 돌보아야 할 휴양 단계를 형성할 수 있다. 이 단계는 다시 비관주의자가 될 권리를 새롭게 얻기 위해 자신에게 낙관주의라는 알약을 처방해야 하는 단계이기도 하다. 말하자면 우리가 나중에 더 위험한 진정한 목적과 맞서기 위해 그 힘을 되찾는 이야기의 단계다.

아닌 것에 의해서만 정의되는 무에 불과할 뿐이다. 행복은 고통, 욕망, 흥분, 위험의 부재이지만, 그 자체로는 긍정적인 것은 아무것도 표상하지 않는다. 행복은 최선의 경우 수면의 한 형태이고, 최악의 경우 죽음의 한 형태다. 거기서 최후의 인간들을 위한 독약의 중요성이 생겨난다. 사람들은 향정신성 의약품으로 문제를 해결할 수 있다고 믿는다. 아침에는 프로작을, 저녁에는 비아그라를, 밤에는 스틸녹스를 복용한다. 주의력이 산만한 학생들에게는 안정제를 투여하고 다른 사람들에게는 항우울제를 투여한다. 왜냐하면 수동적 허무주의자는 어떠한 내면의 문제도 견디지 못하기 때문이다. 최후의 인간은 자기 위에서나 아래에서나 무엇이 느껴지는 것을 허락하지 않는다. 니체에 따르면 우리가 우리 자신을 고귀한 곳으로 투사하기 위해서는 두 가지가 필요하다. 우리는 여전히 우리 안에 충분한 혼돈—무질서, 혼잡함, 야만적 에너지—을 갖고 있는가? 혼돈을 통제하고 길들이기 위해 안정제의 힘을 빌릴 뿐 아니라 심지어 이성의 힘을 빌리기도 했는가? 다시 말해 과도할 정도로 삶을 합리화하거나 계획을 짜는 등 모든 것을 했던 것인가?

노동, 대중의 안정제

우리 안의 창의적 혼돈을 죽이는 가장 효과적인 독약 중 하나가 노동이다. 오늘날 우리는 노동을 유일하게 자기 자신을 실현하는 길, 자신의 재능을 개발함으로써 '자기 자신이 되는' 방법으로 여기길 좋아한다. 그러나 이러한 해방과 성장을 가져오는 노동이라는 이념이 실제로 노동계의 사회적, 경제적 현실과 부합하는가? 고용 시장에서 자신의 자리를 발견하는 것이 오히려 정반대의 것들, 즉 시장의 요구, 경영상의 필요, '기업의 철학'에 부응하기 위해 우리 자신에게 고유한 모든 것을 벗어던질 수 있어야 함을 함축하지 않는가? 이처럼 니체는 '노동 가치'를 찬양하는 가운데 개인적이고, 그럼으로써 반항적이며, 최후의 인간 무리에 대해서 잠재적으로 위험이 되는 것에 대한 두려움의 표현을 읽어낸다.

"밑바닥에서 인간은 오늘날 노동—우리는 항상 아침부터 저녁까지 이러한 명목하에 힘든 일을 목표로 하고 있다—에서 이러한 노동이 가장 최선의 정책을 구성하고 각자에게 재갈을 씌우고는 이성, 욕망, 독립에 대한 요구가 확대되는 것을 강하게 저지하는 데 익숙해진다고 느낀다. 왜냐하면 노동은 신경의 힘을 확연히 눈에 띌 정도로 많이 소모시켜 성찰, 명상, 몽상, 심려, 사랑과 증오를 하지 못하게 가로막기 때문에 우리 눈에 보잘것없는 목표만을 보여주고 안이하고 규정된 만족만을 보장하기 때문이다. 이처럼 사람들이 영원히 힘들게 일하는 사회에서는 충분한 안전이 주어진다. 오늘날 사람들은 안전을 최고의 신성처럼 경배한다."(『여명』, III, 173)

해 아래 새로운 것은 없다. 니체의 시대에 이미 노동의 과대평가에는 공공의 안전이라는 강박관념이 수반되었다. 분명히 우리는 노동을 통해 우리가 우둔해진다는 사실을 안다. 노동은 우리에게 일종의 기분전환이 된다. 왜냐하면 노동은 고유한 의미에서 우리의 불안과 꿈, 파괴적이기도 하고 창조적이기도 한 내면의 혼돈으로부터 주의를 돌리게 하기 때문이다. 그러한 자격으로서 노동은 우리에게 진정제 기능을 수행한다.

길고 평온한 인생의 작은 건강

건강—이 경우는 위대한 건강이 아닌 작은 건강—에 대한 병적인 강박관념, 즉 건강염려증과 마찬가지로 장수에 대해 해로울 정도로 염려하는 것 또한 행복을 무미건조한 불모의 개념으로 만드는 데 기여한다. 이러한 행복 개념은 우리가 최후의 인간과 공유하는 개념이다. 수명과 건강은 만일 삶 자체로 채우지 않는다면 그것만으로는 공허한 틀에 불과하다. 오히려 지속을 결정하는 것은 삶 자체의 강도이지 그 반대가 아니다!* 우리가 삶을 사는 것밖에 알지 못할 때는 그 삶이 오래 지속되리란 희망—마지막 위안—만이 있을 따름이다.

"영원히 살면서 죽지 않기를 바라는 마음속에 이미 감정의 노화 징조가 들어 있다. 우리가 충실히 그리고 열정적으로 살수록 우리는 점점 더 빨리 선이라는 유일한 느낌에 우리 삶을 걸 준비를 하게 된다."(『인간적인 너무나 인간적인』, II, 187, 필자가 수정하여 옮김)

삶에서 중요한 것은 '선의 느낌'이다. 그렇게 해서 삶의 질, 다시 말해서 생이 우리에게 가져다줄 수 있는 갖가지 강도 높은 느낌을 위해 삶의 양, 수명을 희생하는 것이 논리에 맞다.

공포의 폭정과 인간의 가치 저하

우리는 니체가 말한 '공포의 폭정' 시대를 살고 있다. 우리의 제도, 법률, 삶의 지침은 결코 체험될 만한 가치가 있는 것을 장려하거나 삶의 강렬함을 촉구하지 않는다. 대신에 잠시라도 삶에

---

* 모차르트, 프란츠 슈베르트, 게오르그 부흐너, 짐 모리슨이나 지미 핸드릭스는 대단히 짧지만 너무나 강렬한 삶을 산 이들이다. 그들의 삶은 너무나 강렬해서 현재에도 그 삶이 실제로 영원한 것처럼 여기게 해준다.

해를 끼치는 것은 금지하거나 단념시키려고 한다. 이처럼 우리를 지배하는 것은 욕구가 아닌 두려움이다. 어떤 결과를 위해서? 모든 위험, 모든 고통의 원천을 제거하려 함으로써 우리는 또한 예기치 않은 삶의 강렬함을 체험할 가능성도 제거한다. 우리는 우연의 씨를 말려버린다. 그리하여 우리를 혼란스럽게 만들고 그럼으로써 우리를 열망하게 하고 깨어나게 하고 강화시키는 모든 것에서 우연을 제거한다. 인간이 된다는 것의 범위를 좁히는 데 기여하는 보건과 안전이라는 강박관념.

"삶의 모든 굴곡과 굴절을 대패로 깎아버리려 하는 끔찍한 계획으로는 인간성을 모래로 변질시키기 위한 지름길을 갖게 되지 않겠는가? 모래, 가늘고 부드럽고 둥글고 무한한 모래!"(『여명』, III, 174)

그러면 다음의 갖가지 질문에 대해 생각해보자. 우리는 무엇을 두려워하는가? 우리는 무엇을 피하고 싶은가? 우리가 모든 대가를 치르고서라도 없애거나 소멸시키고 싶은 것은 무엇인가? 왜 우리는 이 두려움의 이름으로 삶을 위축시켜 평온하고 예측 가능하고 차이가 없는 것으로 만들려고 하는가? 왜 우리는 두려움의 이름으로 삶에서 가장 바람직하고 가장 만족감을 주는 측면을 동시에 희생하려고 하는가? 우리는 이러한 질문에 대답하기 위해 삶에서 고통이 차지하는 역할에 대해 질문해야 한다.

짚고 넘어가기

1 당신은 자신의 삶에서 당신이 바라는 것과 확인하는 것
이 서로 대립하고 있음을 느낀 적이 있는가? 만일 그렇다
면 당신은 이 모순에 대해 어떻게 반응했는가? 이상주의
에 의거해 부인하면서 살았는가? 아니면 그러한 현실에
근거가 있다고 판단하고는 비관하며 좌절감에 빠졌는가?
희망과 현실에 대한 지각 사이에서 균형을 이루는 힘은
당신을 마비시키고 완전히 지치게 만들어 당신이 어떤 결
정도 내리지 못하도록 만드는가? 혹은 반대로 이러한 모
순이 당신을 양극단 사이에서 모순되고 혼란스럽고 예측
불가능한 방식으로 행동하도록 압박하는가? 다른 결론은
발견할 수 없는가? 당신에게 가장 바람직하게 보이는 것
은 무엇인가?

2 당신은 생각을 중단해본 적이 있는가? 혹은 당신은 자신
을 회의주의자라고 여기는가? 만일 당신이 회의주의자라
면 당신은 생각을 진전시키기에 앞서 그 생각의 지지 근

거나 도달점을 제거하고 싶은가? 혹은 당신의 회의주의
가 두려움과 안심의 형태에 의해서 더 많이 발생한 것을
인정할 수 있는가? 잘못할지 모른다는 두려움과 하나의
사상을 옹호하기 위해 죽지 않아도 된다는 안심 말이다.

3   당신 편에서 어떤 반응이 실존의 총체적 의미가 존재하지
    않는다는 의식을 갖도록 촉구하는가? 체험의 포기인가?
    반대로 체험에 대한 선호인가? 가장 고귀한 가치에 대한
    평가절하가 당신을 포기하게 만드는가? 만일 당신이 안
    온한 의기소침, 시시한 행복에 안주하게 된다면 당신은
    수동적 허무주의자다. 반대로 당신이 가치의 추락을 기회
    로, 즉 새로운 삶의 방식으로 유희적이고 경멸스러운 삶
    의 방식을 시험하기 위한 기회로 삼는다면 당신은 능동적
    허무주의자다.

4   사람들 사이의 불평등에 대해 어떻게 생각하는가? 당신

과 유사한 사람들이 당신과 동등하다고 느낄 필요가 있는가? 아니면 불평등이 당신의 삶에서 자극제가 되는가? 당신보다 더 성공한 어떤 사람이 있다면 그 사람이 당신을 괴롭게 하거나 우울하고 신랄하게 만드는가? 아니면 당신만의 야망을 활활 타오르게 하는가? 당신보다 더 운이 없는 사람을 볼 때 화가 나는가? 당신 자신의 성공에 대해 죄책감을 느끼는가? 아니면 성공에 대한 욕구가 있는가?

5 당신은 행복을 성과라고 보는가 아니면 위로라고 보는가? 행복은 당신이 목적을 추구하는 과정에 겪는 위험에 대한 보상인가? 아니면 당신이 겪은 고난에 대한 위로인가? 행복해지기 위해서는 우선 불행부터 피해야 하는가? 아니면 당신을 불행하게 할 수도 있는 경험을 포함해서 가능한 더 많은 경험을 겪어야 하는가?

6 당신은 단조롭더라도 길고 평온한 삶을 바라는가? 아니

면 짧고 강렬한 삶을 원하는가? 이러한 구분이 어떻게 삶에 대한 당신의 선택을 결정하는가?

7 당신은 자신의 삶에서 노동에 어떤 의미를 부여하는가? 노동은 자극제인가 아니면 오히려 진정제가 되는가? 무엇보다도 당신은 생각을 바꾸기 위해 노동하는가? 어떤 것을 생각하지 않기 위해 노동하는가?

덧없는 세상이 우리를 괴롭힐 때

허무주의자가 느끼는 행복의 요체는 고통과 방황의 온갖 잠재적 원천을 사라지게 하는 것이다. 왜냐하면 이것은 우리에게 열린 가능성과 체험을 상당히 빈약하게 만들기 때문이다. 고통에서 도망치고 즐거움을 추구하는 것보다 더 온전하고 정상적인 것은 없다. 살아 있는 것은 모두 다 이렇게 처신한다. 그러나 고통을 피하려는 이러한 자연스러운 성향이 우리가 고통을 절대적 악으로 비난할 구실이 되는가? 그것은 확실하지 않다.

왜 우리는 고통에 그토록 민감한 반응을 보이는가?

의학과 일반적으로 덜 엄격해진 습관 덕분에 실제 물리적 고통을 줄이는 데 성공한 현대 사회에서 다른 시대에 비해 사람들이 고통과 증상에 더 심하게 민감한 반응을 보인다는 것은 역설적인 현상이다. 우리는 고통을 덜 느낄수록 더 민감해지고, 그럼으로써 고통받고 있다는 인상을 더 많이 갖게 된다.

"우리의 조건: 우리의 경제적 안녕은 감수성을 증대시켰다. 우리는 훨씬 더 하찮은 고통에도 고통스러워한다. 우리 몸은 훨씬 잘 보호되고 있고 우리 영혼은 더 병들었다."(『유고 (1886~1887)』, 7[7])

고통을 추방하려는 이러한 의지는 오늘날 니체가 생각하지 못했던 뜻밖의 역설적인 결과로 우리를 이끈다. 점점 더 사람들은 자신에게 근거 없고 부조리한 고통을 부과하고 있다는 것이다. 예를 들어 어떤 사람들은 자해하거나 자기 살에 상처내기를 좋아한다. 어쩌면 우리가 불모의 삶을 살아가는 결과 어떤 사람들에게는 실존의 강도를 느낄 수 있는 유일한 가능성이 자신에게 고통을 가하는 것일지도 모른다. 우리가 신체에 매어 있고 우리 신체가 세계에 매어 있으려면 어떤 물건이나 대상—면도날, 바늘, 피어싱—에 집착함으로써 반드시 피를 흘려야 하기라도 하는 것처럼. 고통에 대한 이러한 왜곡된 복수에 직면해서 고통의 역할에 대한 질문이 제기된다. 우리 삶에서 고통을 제거하는 것이 정말 가능한가?

완전히 지친 자들만이 고통을 두려워한다

여기서 병든 자만이 더 이상 고통받지 않는 것을 가장 중요한 목적으로 삼는다는 니체의 판단은 호소력이 없다. 고질적인 고통 중에 고통에 대한 강박관념—따라서 그 반대인 쾌락에 대한 강박관념—이 생기는 것은 적절한 현상이다. 이것은 고통에 직면할 충분한 힘이 없는 사람이 보여주는 무기력과 고갈의 신호다. 건강한 자는 고통을 자극으로, 더 강해지고자 하는 동기부여로, 우리에게 이겨야 한다는 생각을 심어주는 적으로 받아들인다.

"용기 있는 사람들과 피조물들은 결코 쾌락과 고통을 가치에 관한 궁극적 질문으로 여기지 않는다—쾌락과 고통은 부수적인 상태일 따름이다. 만일 우리가 무엇에라도 도달하고자 한다면 쾌락과 고통에 대한 가치를 평가해야 할 것이다—피곤하고 병든 무언가는 첫 번째 차원에서 쾌락과 고통의 문제로 보일 때 형이상학과 종교적인 것 안에서 전개된다."(『유고(1887)』, 여름, 8[2])

그러므로 우리는 고통을 삶에서 필수적인, 심지어 본질적이기도 한 구성요소로서 받아들여야 한다. 그렇다고 일부러 고통을 추구해야 한다는 것은 아니다―여기에는 어느 것도 니체주의의 정신에 반대되지 않는다. 모든 대가를 치르고서라도 고통을 피해야 하는 것은 더 이상 문제가 되지 않는다. 가장 기본적인 층위에서 고통은 종의 보존이거나 우리 행위에 본질적인 경고 표지 혹은 신호가 된다. 어떤 경험도 어떤 학습도 고통 없이는 불가능하다. 쾌락처럼 고통도 우리 행위의 길잡이이다. "쾌락만큼 고통에도 지혜가 있다"는 것은 바로 이런 의미에서 하는 말이다.(『즐거운 학문』, IV, 318)

고통의 위험을 감수하지 않고 쾌락의 위험을 감수할 수는 없다

고통은 생존뿐 아니라 쾌락 자체에도 반드시 필요할 것이다. 만일 고통과 쾌락이 서로 연결되어 있음을 깨닫는다면 하나를 약화시키는 것은 다른 하나를 약화시키는 것임을 함축하지 않을까? 우리는 고통을 경험하거나 아니면 적어도 고통의 위험을 감수하지 않고 쾌락을 느낄 수 있을까? 니체는 정언적이다. 하나는 다른 하나 없이 갈 수 없다고 본다.

"만일 쾌락과 불쾌가 하나의 끈으로 연결되어 있다면, 누군가

가능한 한 전자를 더 많이 가지고자 한다면 또한 후자도 가능한 한 많이 가져야 한다. 하늘로 오를 것 같은 환희를 체험하고 싶다면 또한 죽을 것 같은 슬픔도 받아들일 준비가 되어 있어야 한다."(『즐거운 학문』, I, 12)

그러므로 우리는 선택하게 될 것이다. 가능한 한 고통을 줄이는 대신에 쾌락도 그만큼 줄이든가 "일찍이 맛보지 못했던 정제된 기쁨과 쾌락을 충분히 증대시키는 대가로 커지는 고통을" 받아들이든가 해야 한다.(같은 책)

왜 쾌락과 고통, 기쁨과 비참함은 이렇게 서로 연결되는가? 사소한 수준에서 쾌락은 매번 잠재적 고통의 한 원인이 되기도 한다. 위대한 사랑 이야기에 빠져드는 것은 엄청난 사랑의 비애에 직면할 준비가 되어 있음을 의미한다. 하나는 다른 하나 없이 성립할 수 없다. 모든 행복, 모든 쾌락은 그 반대의 것을 불러올 위험이 있다. 경험의 반경을 결코 불행을 만나지 않을 것이라 확신하는—속지 않고 상처받지 않고 버림받지 않고 배신당하지 않을 것이라 확신하는—지점으로 한정한다면 그것은 자신에게 가능한 행복과 쾌락의 반경을 한정하는 것이다.
더 근본적인 수준에서 관건이 되는 것은 쾌락이건 고통이건 감각을 느낄 수 있는 우리 역량과 감수성이다. 우리가 쾌락을 느끼는 능력은 고통을 느끼는 능력과 밀접하게 연결되어 있을지도 모른다. 둘은 하나를 가지고 다른 하나만을 만들 뿐이다. 그러므로 심오한 기쁨을 알기 위해서는 심오한 슬픔에 대해서 알아야 할 것이다. 고통을 체험해보지 못한 사람은 피상적 쾌락만을 얻을 뿐이다. 고통은 우리를 깊이 있게 만들고 우리가 내면의 원동력을 인식하도록 가르치며 그 반대의 것을 더 잘 수용하도록 만든다. 고통을 겪는 사람의 기쁨은 정의상으로나 뉘앙스 면에서나 차원의 측면에서나 그가 얻을 수 있는 가장 풍요롭고 가장 생기 있는 기쁨이다.

"우월한 인간은 끊임없이 가장 행복한 동시에 가장 불행한 인간이 된다."(『즐거운 학문』, IV, 301)

고통에 대한 성향은 행복해지는 성향의 표지일 뿐 아니라 인간으로서 가치를 드러내는 표지이기도 하다. 한편으로 고통은 우리 자신과 삶에 대한 이해, 경험, 깊이를 제공한다. 고통은 우리 감수성의 범위에 대한 일종의 시험대다. 다른 한편으로 고통을 겪어내는 역량은 용기의 표지이며, 그에 따라서 힘의 표지가 된다. 우리는 더 큰 행복을 알기 위해 안녕이라는 한 부분을 희생할 용의가 있는가?

쾌락과 고통, 동전의 양면

고통은 쾌락의 불가피한 원인인 동시에 결과일 뿐 아니라 쾌락 자체를 구성하는 부분이다. 마조히스트만이 매운 맛의 요리, 서스펜스 영화, 불협화음의 음악과 같이 고통의 일부와 섞여 들어오는 쾌락이 존재함을 인정하는 것은 아니다. 마치 고통이 쾌락을 강화하는 데 기여하는 것처럼 가장 강렬한 고통을 만들어내는 것은 역설적이게도 가장 강렬한 쾌락이다. 니체는 쾌락이 고통의 일정한 리듬, 일정한 왕복, 일정한 진동일 뿐이라는 가설을 설정한다. 결과적으로 만일 쾌락이 긴장을 완화하는 데 있다면 쾌락은 이러한 긴장의 상승을 전제한다. 이러한 긴장에는 항상 고통스러운 어떤 것이 들어 있다. 기계적 상승을 만들어내기 앞서 경사면을 오르는 고통을 느끼는 것이 필요하고 미끄럼을 타면서 다시 내려가는 쾌락을 취하는 것이 필요하다. 성적 쾌락만큼 이 점을 잘 보여주는 것도 없다.

"심지어 어떤 경우에서는 고통이 따르는 미미한 흥분이 어느 정도 박자에 맞춰 이어지면서 쾌락이 좌우되기도 한다. 이런 식으로 힘과 쾌락에 대한 지각이 급속히 증대된다. 그 예가 성교에서 느끼는 쾌감의 경우다. 우리는 여기서 고통이 쾌감의 요소로서 작동하는 것을 알 수 있다. 미미한 억제가 극복되고 곧 이어 다른 억제가 잇따르지만 이 역시 곧 극복되는 것처럼 보인다. 이러한 저항과 승리의 놀이가 쾌감의 정수를 구성하는, 남아돌 정도로 넘쳐나는 힘의 총체적 느낌을 가장 생동적으로 자극한다."(『유고(1888)』, 14[173])

성적 쾌락이 너무 강렬해서 이것을 더 이상 고통과 구분할 수 없는 순간이 있다. 더욱 정확히 말하면 그 강렬함이 너무 커서 우리 몸이 더 이상은 못 견딜 것 같은 느낌이 들어 마치 고통과 비슷하다고 여기게 된다. 이 모든 것은 강렬함 자체를 고통의 한 형태로 생각하게 한다. 이 경우에 불감증은 고통에 대한 두려움 때문에 야기된 쾌락에 대한 두려움과 비슷하다. 또한 거기서 쾌락을 체험하는 능력은 고통을 견디는 능력의 지배를 받는다.

인간은 의미 있다고 여기는 고통만 받아들인다

특정 상황에서 인간은 의도적으로 고통을 추구하기도 한다. 대단히 강도 높은 훈련이나 단식과 같은 영적 수련이 그러한 경우다. 게다가 인도의 축제인 타이푸삼이 거행된 이후 힌두교도들이 자신에게 가하는 사실상의 고문도 있다. 사람들은 바늘이나 못으로 살을 찌르기도 하고 숯불 위를 걷기도 한다. 이 모든 경우 인간이 고통을 받아들이는 것은 고통에서 의미를 발견하기 때문이다. 인간 존재는 의미 없음 자체를 고통으로 여긴다.

"문제는 고통이 아니었다. 오히려 그런 울부짖음에 대한 답이 없다는 것이었다. '왜 고통인가?' 가장 가치 있고 가장 인내심이 많은 동물인 인간은 자신에게서 고통을 거부하는 것이 아니다. 고통이 의미, 고통의 이유를 보여준다면 인간은 고통을 원하고 심지어 추구하기도 한다."(『도덕의 계보학』, III, 28)

허무주의―삶의 의미가 없는 상태―는 그러므로 최근의 현상, 종교와 이데올로기의 쇠락이 가져온 단순한 결과가 아니다. 허무주의는 인간의 정상적인 상태다. 인간이 앓고 있는 본원적인 질병이다. 동물들은 자기에게 정확한 행동을 결정할 수 있는 본능을 가지고 있고 생존이라는 총괄적인 목적을 가지고 있으나 이에 대해 반성하지 않는다. 인간 존재의 힘은 정확히 스스로 목적을 선택할 수 있는 능력이다. 그러나 이 능력은 또한 인간이 가진 가장 큰 약점, 가장 큰 고뇌가 되기도 한다.

인간은 궁극적 목적, 자신에게 무엇을 해야 할지를 규정해주는 본성의 의도를 찾는다. 그때부터 인간은 행위가 자신의 조건을 개선하는 데 이르지 못한다는 것을 간파하면 실망하고 좌절한다. 혹은 스스로 우월한 원칙에 헌신한다고 상상하고 보편적 대의에 몰두한다. 그런데도 인간은 자신이 따를 일반적 차원이 존재하지 않음을 발견하고는 똑같이 용기를 잃는다. 결국 세계는 변화, 즉 아무 곳으로도 진행하지 않고 아무 끝에도 도달하지 않고 미리 정해진 어떤 질서도 따르지 않는 영원한 진화의 상태에 있다. 그렇지 않으면 세계는 변화를 중지할 것이다.

인간이 피안을 고안한 것은 분노 때문이다

이제 허무주의의 세 번째 구현 형태가 나타난다. 사후세계, 상상의 저승 만들기. 마침내 거기서 인생은 의미를 획득하고 세계는 체계적으로 조직된다.

> "변화를 거쳐 도달할 어떤 목적이 없음을 아는 것, 그리고 개인이 완전히 영속하도록 허용하는 위대한 통합성이 없음을 아는 것이라는 두 진리가 주어지면 이 변화의 세계를 환상이라고 총체적으로 비난하고 참된 세계인 이 세계 너머에 있을 세계를 고안하는 것만이 핑계거리로 남을 뿐이다." (『유고(1887~1888)』, 11[99])

형이상학과 종교의 피안—플라톤 사상의 천상과 기독교의 천국—은 정치적 이상향의 이후세계—모든 사회 갈등이 해소되는 계급 없는 사회, 모두에게 무한한 번영을 약속하는 투명하고 자유로운 경쟁시장—와 마찬가지로 삶에 직면한 인간을 분노하게 만드는 원초적 부조리를 감추기 위한 임시방편에 불과한 이상이다. 왜 우리는 현실에 대해 우리에게 위로를 주기 위해 비실제적인 세계를 만들어야 하는가? 존재하는 것에서 의미를 발견하지 못한 인간은 어떻게 그런 환상 세계를 가지고 존재하지 않는 것을 숭배하게 되었는가? 니체의 말로 표현해보자.

"여전히 인간은 전혀 원하지 않는 것보다는 무를 원하는 것을 더 선호한다."(『도덕의 계보학』, III, 28)

진정한 인간의 질병, 허무주의의 진정한 원인은 욕망의 질병이다. 더욱 현대적인 언어를 사용해서 표현하자면 창조성의 질병에 관해 말해야 할 것이다. 왜 인간은 미리 만들어진, 미리 포장된 의미를 발견해야 하는가? 스스로 자신의 실존에 의미를 부여하는 것, 자신에게 목적을 부과하는 것, 자신의 질서를 구성하는 것이 인간의 역할이 아닌가?

"의지의 힘을 측정하는 척도는 사람들이 어느 정도로 사물의 의미 없이 지낼 수 있는지, 사람들이 어느 정도로 무의미한 세계에서 살아낼 수 있는지 하는 것이다. 왜냐하면 사람들은 스스로 이 세계의 한 부분을 조직하기 때문이다."(『유고(1887)』, 9[60])

우리는 회의주의—하나의 관념을 고수하거나 옹호하는 것에 대한 거부—를 허약함의 기호로 보았다. 지금 우리는 그 반대로 보이는 것, 즉 이루어진 모든 확실성에 대한 요구를 허약함의 또 다른 기호로 본다. 그렇다고 모순이 성립하지는 않는다. 이 두 경우에 의미 자체를 창조할 수 없는 무능력이 문제다.

광신, 허약한 의지의 엉터리 약제

이러한 의지의 허약함에 직면해 인간 존재는 가장 당치도 않은 헛소리—점성술에서 음모 이론까지—를 믿거나 가장 도착적인 조작—인간의 고통을 설명하는 '원죄'의 신화, 세계적 음모의 근원에 있는 시온의정서의 위조판—에 휘둘리게 되는 경향이 있다. 마찬가지로 인간은 온전히 전체를 내맡길 수 있는 의미나 목적이라는 신기루를 가져다주기만 한다면 자신들을 지치게 만드는 규율—노동, 전쟁, 파벌 형성—에 의해 오도되고 압제당하고 고문 받게 내버려둔다. 많은 사람이 존재의 무의미한 특성에서 벗어나기 위해 모든 것을 걸 준비가 되어 있다.

"존경할 만한 가문 출신으로 오랫동안 자신의 삶에 목적을 부여할 줄 몰랐던 젊은이들이—단지 자신들에게 목적을 제공한다는 바로 그 이유에서—마침내 적절하지 않은 운동에 가담해버린 경우를 알고 있다. 예를 들어 어떤 사람들은 반유대주의자가 되었다."(『유고(1888)』, 22[11])

이처럼 광신은 회의주의의 쌍둥이 형제, 확실성의 결핍에 대한 치명적이고 전도된 가짜 치료법, 무의미한 삶에 대한 방어적 반응이다. 이것은 의지의 허약함이 보여주는 가장 병리적인 증상이다. 광신은 우리의 원초적 불확실성을 잊을 수 있게 해주는 고유한 기능을 가진 약물의 한 형태처럼 보인다.

"광신은 결국 허약한 자와 불확실한 자의 의지를 강화해주는 의지의 유일한 힘이다. 광신이 그러한 힘이 될 수 있는 것은 지금까지 지배적으로 이루어졌던 보고 듣는 방식—기독교인이 말하는 신앙—에 과잉의 영양을 공급함으로써 감각-지성 체계 전체에 일종의 최면제가 되는 한에서다."(『즐거운 학문』, V, 347)

우리는 우리 자신에게 고유한 목적을 제안할 수 있는가? 우리의 고유한 이상을 형성할 수 있는가? 우리 자신이 존재의 의미를 창출할 수 있는가? 우리는 사람들이 우리에게 복종할 만한 완전한 의미를 지정해주기를 기다려야 할 정도로 순순히 따르는 존재인가?

짚고 넘어가기

1   당신은 왜 행복을 찾는가? 너무 잘 알고 있는 상태, 고통
    의 상태에서 벗어나기 위해서인가? 혹은 아직 알지 못하
    는 감각을 발견하기 위해서인가? 당신은 이러한 행복의
    상태를 알기 위해 인내하고 희생할 용의가 있는가?

2   당신은 당신의 행복을 어떻게 이해하는가? 고통, 권태, 근
    심이 없는 상태로 해석하는가? 혹은 불행의 흔적도 일부
    포함된 풍부함, 강렬함으로 이해하는가?

3   당신을 행복이나 쾌락으로 인도할 수 있는 경험 앞에서
    이 경험이 고통과 얽혀 있다는 이유로 물러선 적이 있는
    가? 그 후에 그런 결과 때문에 후회했는가?

4   당신은 의도적으로 악을 행하거나 오로지 고통을 느낄 목
    적으로 고통스러워한 적이 있는가? 이를 어떻게 설명할
    것인가? 당신 자신의 삶에 의미를 주기 위해 고통이 필요

한 적이 있었던가?

5 당신의 행위에 의미를 부여하고 당신에게 방향을 가르쳐 줄 존재의 목적을 믿을 필요가 있는가? 아니면 당신은 미리 정해진 목적 없이 매일매일 당신의 삶을 창조하고 결과적으로 당신에게 고유한 목적을 정해주며 사는 삶을 이해할 수 있는가?

6 당신은 자신을 초월하는 어떤 질서의 부분, 삶에서 당신의 정확한 자리를 정해주는 총체성의 일부임을 느낄 필요가 있는가? 당신은 공동선을 위해 다른 사람들과 함께 노력하고 있지만 보편적인 무언가를 구현하는 연쇄 장치의 한 고리에 불과하다는 느낌을 받은 적이 있는가? 만약 세계에 보편적 질서는 없고 단지 개인들이 혼란스럽게 섞여 있으며 당신은 그저 혼자서 자신의 삶에 의미를 부여해야 한다면 이러한 생각은 당신을 불안하게 하는가?

7   당신은 거의 광신적으로 하나의 사상과 원리, 사랑, 신념
     을 추구해본 적이 있는가? 그러한 광신의 동기는 무엇이
     었는가? 그 대상에 대한 진정한 열정 때문이었는가? 아니
     면 당신이 직면하고 있지만 의식하고 싶지 않았던 무나
     불확실성에서 도피하고 싶어서였는가?

알량한 도덕은 버려라

힘을 향한 의지와 삶의 관점

삶에 의미가 있는가? 이 질문은 우리에게 공허하고 진부하며 헛된 질문으로 보일 수 있듯이, 어떤 면으로는 심오하게 보일 수도 있다. 우리는 이 질문에 시달리다 못해 녹초가 되고 권태에 빠지기도 한다. 그러다가 때때로 답을 발견했다고 믿는다. 삶은 의미가 없고 살기 위해 고통을 겪을 만한 가치가 없다는 답. 도처에 널려 있는 고통을 봐도, 최고 원리로 삼을 만한 목적이 없는 점을 봐도 그에 대해 충분히 입증된다.

삶은 평가될 수 없다

'삶에 의미가 있는가?'라는 질문에 대한 답을 생각하기 전에 질문 자체의 의미에 대해 자문해볼 필요가 있다. 정말 우리는 자신에게 이 질문을 제기할 수 있는가? 실제로 삶의 의미에 대한 질문은 그 자체가 의미와 단절되어 있다. 부조리한 것은 삶이 아니라 삶의 의미에 대해 질문하는 일이다. 사실 사물의 의미를 결정하고 가치를 측정하는 것은 그러한 가치와 의미를 측정할 수 있게 해주는 표준을 가정한다. 그러나 어디서 이 표준을 발견할 것인가? 만일 삶의 내부에서 발견한다면 우리는 이미 삶에 가치가 있음을 전제하는 것이다. 왜냐하면 표준이 삶의 일부를 이루기 때문이다. 삶의 밖에서 표준을 발견하라고 말하는 것은 어떠한가? 그것은 우리에게 불가능하다. 삶의 가치를 판단하기 위해서는 죽어야 하기 때문이다. 그러므로 니체는 이렇게 말한다.

"삶의 가치는 평가될 수 없다. 살아 있는 존재에 의해서 그 가치를 평가할 수 없는 것은 그가 죽을 때 쟁점의 대상도 죽기 때문이다. 완전히 다른 이유 때문에 죽은 사람에 의해서는 더욱더 평가할 수 없다."(『우상의 황혼』,「소크라테스의 문제」, 2)

삶의 가치에 대한 질문은 그 안에서 살고 있는 우리로서는 접근할 수 없는 영역이다. 삶의 의미를 판단할 수 있으려면 삶에서 빠져나와 있어야 하기 때문이다. 그런데도 우리는 삶을 평가하고 삶에 의미를 부여하고 그 의미를 인정하고 경멸하고 해석하는 것을 중단할 수 없다. 다시 삶의 의미를 묻는 사람은 긍정적 가치 혹은 부정적 가치를 창출하는 과정에 있다. 이제 우리는 무의미가 삶의 의미임을 선언한다.

세계는 혼돈이다

그런데도 결국 사람들이 세계의 보편적 의미를 발견하지 못했다는 것은 사실이다. 세계에는 질서도 종말도 없다. 세계에 가치나 의미가 없다는 말은 아니다. 세계는 본질적으로 혼돈이다.

"세계의 일반적인 특성은 영원한 혼돈이다. 필연성의 부재라는 의미에서 그런 게 아니라 질서, 유기적으로 결합된 형태, 아름다움, 그리고 지혜 등 질서를 상징할 수 있는 것들의 부재라는 의미에서 혼돈이다. 어떤 이름을 붙이든 간에 우리의 모든 미학적 신인동형론에서 비롯된 혼돈이다. 이 혼돈을 이성의 관점에서 판단하면 규칙을 만드는 것은 불행한 충동이다. 갖가지 예외는 비밀스러운 목적이 아니다. 모든 자명종은 자신의 아리아를 영원히 반복한다. 그 아리아는 멜로디를 얻을 자격을 영원히 갖지 못할 것이다."(『즐거운 학문』, III, 109)

니체의 텍스트는 어떤 점에서 실재를 기술하기 위해 생명의 관점을 벗어나기 어려운지를 보여준다. 우리의 단어는 모두 신인동형론이다. 달리 말해 우주를 인간화하고 우주를 우리의 필요와 가치에 의거해 기술하는 표상 방식이다. 심지어 혼돈이라는 단어도 만일 이 단어가 우리가 있는 그대로의 현실에서 보고 있다고 믿는 질서, 우리의 심려에 의해 정립된 질서를 함축한다면 아마도 신인동형론의 단어가 될 것이다. 만일 우리가 실재—인간, 동물, 식물의 세계 그리고 무기물의 세계, 우주—에서 발생하는 것을 중립적으로 본다면 우리가 관찰할 수 있는 것은 무엇인가? 우리는 대지를 가로질러 자기의 길을 만들거나 더 자유롭게 흐르기 위해 수세기 동안 바위를 침식하며 흘러간 물의 격류를 본다. 우리는 흰개미가 수십 년간 갉아먹어서 수령이 수백 년 된 참나무가 쓰러지는 것을 본다. 우리는 거미가 거미줄을 치고 덩굴이 벽을 덮고, 기업이 경쟁사를 매입하고 포식자가 자기의 먹이를 사냥하고, 블랙홀이 혹성을 삼키고 행성이 자기 궤도를 따라 위성을 인도하는 것을 본다. 갖가지 힘이 서로 부딪히고 융합되고 때때로 서로 파괴하고 서로 결합하는 이 광경을 지배하는 어떤 질서도 법칙도 없다.

그런데도 이 세계를 구성하는 각각의 요소—인간, 동물, 식물 그리고 아마도 광물—라는 단위는 저마다 자신의 의미를 갖는다. 그것은 항상 동일하게 증식, 확장, 확대, 강화, 심화 과정을 거친다. 모든 사물이 갖는 이런 보편적이고 불가피한 목적에 니체는 이름을 붙였다. 그 이름은 적절하지 않은 이런저런 이유로 유명해졌다. 바로 힘을 향한 의지.

> "삶은 무엇인가? 이 점에 근거하여 삶을 더 명확하게 규정하는 새로운 개념이 필요하다. 이에 대해 나는 다음과 같이 제안한다. 삶은 힘을 향한 의지다."(『유고(1885~1886)』, 2[190])

삶은 살아내는 것 이상이다

삶은 단순히 살고자 하는 의지가 아니다. 사람들은 이미 삶 속에 있지 않고는 살기를 원할 수 없다. 왜 우리는 이미 우리가 가지고 있는 것을 원하는가? 더 이상 삶은 생존하기 위한 단순한 투쟁이 아니다. 아무도 단순히 생존하는 것에 만족하지 않는다. 만일 그렇다면 자연계는 훨씬 빈약할 것이다. 우리는 존재하는 것에 만족하지 않고 그 이상이기를 원한다. 자기 영역에 대한 수코양이의 태도만 보아도 알 수 있다. 수코양이는 자기 영역을 방어할 뿐 아니라 매번 승리하고 나서는 자기 영역을 필수 안식처에서 상당히 떨어진 공간으로까지 확장하기 위해 가장 거친 방법을 동원한다. 무에서 출발한 사업가가 합법적 방법으로 백

만장자가 되었으나 법에 저촉되는 일을 시도해서 결국 감옥으로 가고 마는 예만 봐도 알 수 있다. 이러한 사례가 보여주는 것은 생존은 그 자체로 결코 우리의 목적이 될 수 없으며 우리는 힘을 증식하기 위해 도리어 그 힘을 파괴시키거나 순전히 가장으로만 존재하는 것을 얻기 위해 그 힘을 희생할 용의가 있다는 사실이다.

목표에 도달하기 위해 힘의 의지를 이용할 수 있는 극단적인 폭력—그러나 이러한 수단은 필연적으로 난폭하지 않다. 수단이 가장 잔혹해질 때는 그 힘이 가장 약할 때다—은 그 목적이 근거 없고 거의 비합리적으로 보이는 만큼 더 충격을 준다. 생존하는 것이 아니라 힘을 더 키우는 것이 바로 그 목적이기 때문이다. 삶은 경제도 계산도 아니다. 삶은 '항상 더 많이'라는 과도함 속에서 그 힘을 낭비한다. 너무 일찍 나오고 너무 높이 자라서 너무 일찍 죽어버리는 식물만 봐도 알 수 있다.

힘에 대항해 투쟁하는 것도 여전히 그 힘을 긍정하는 것이다

우리는 삶 자체인 이러한 결말 없는 투쟁의 비도덕성을 비난하고 끊임없이 힘을 추구하는 것을 부조리하다고 판단할 수 있다. 마찬가지로 인간의 소명은 이러한 무의미한 투쟁을 끝내고 자신의 내부와 외부에서 평화를 발견하고 힘을 포기하는 것이라고 평가할 수 있다. 그런데도 투쟁에 대항하는 투쟁도 투쟁이다. 힘을 향한 의지를 비난할 때 우리가 비난하는 것은 여전히 우리가 가진 힘을 향한 의지다. 그리고 우리의 의지는 힘에서 만족을 발견한다. 왜냐하면 우리는 우리가 지닌 힘을 '도덕적 권위', '인간성의 판단', '인간임에 대한 합의와 그것의 개선을 위한 투사'로서 상승시키기 때문이다. 소라게처럼 숲에서 은둔하는 고행자에게도 동기를 부여하는 것은 힘을 향한 의지다. 자율성의 힘과 자신의 신체에 대한 지배력. 정치 권력과 경제적 거래 행위를 포기하는 과학자는 자연을 자신의 이해와 이론 아래에 두면서 힘을 추구한다. 과학자는 지성에 의해서 원자와 행성 궤도의 지배자가 된다. 이것은 기업이나 정당을 이끄는 것보다 더 위대한 일이다.

우리는 이러한 힘을 향한 의지를 북돋아야 하는지 아니면 그에 대항해서 투쟁해야 하는지를 묻는 것이 왜 헛된 일인지를 안다. 우리는 힘을 향한 의지로부터 벗어날 수 없다. 우리는 힘을 향한 의지 아니 오히려 의지들의 온전한 다발이다. 우리는 인격의 내부에서조차 힘을 위해 투쟁한다. 다른 사람들을 지배하고자 하는 것은 우리의 본능, 가치, 충동, 사상, 습성이다. 만일 우리가 자신을 우리 힘을 향한 의지에 대립시키려고 한다면 이것은 훨씬 강한 힘을 향한 의지에 의해서만 가능한 일이다. 이렇

게 더 강한 힘을 향한 의지는 도덕주의자, 철학자 또는 금욕주
의자의 의지라는 가면을 쓰고 행진한다.

우리를 굴복시키는 것은 힘을 향한 의지다

힘을 향한 의지에 대해서 가장 강력한 반대항인 것처럼 보이는
행동이 여전히 힘을 향한 의지에 대한 예시, 때때로 극단적인
예시가 되는 이유가 이것이다. 권위에 복종하는 것은 명백히 타
자를 지배하는 것과 반대다. 그러나 복종함으로써 사람들은 지
배하는 힘에 참여한다. 그럼으로써 사람들은 그러한 힘에 대해
일종의 기식자가 된다. 우리는 약한 자들을 지배하기 위해 우리
보다 더 우월한 이 힘을 이용한다.

"생명이 있는 곳에서 나는 힘을 향한 의지를 발견했다. 복종의
의지 속에서조차 나는 주인이 되고자 하는 의지를 발견했다.
(……) 더 약한 자는 더 강한 자에게 봉사하지 않는가. 그 다음
을 잇는 것은 제 편에서 자기보다 더 약한 자의 지배자가 되려
는 의지이다. 이것은 그가 결코 포기하려고 하지 않는 유일한
즐거움이다. (……) 더 작은 것으로 존재하는 자가 더 작은 것으
로 존재하면서 힘과 쾌락을 갖기 위해 더 위대한 자에게 굴복
한다. 마찬가지로 더 위대한 자도 힘을 위해서 굴복하고 자신

의 삶을 가지고 유희를 시작한다."(『차라투스트라는 이렇게 말했다』, II, 「자기 초월」)

군대의 모든 사병, 기업의 모든 간부 — 상급이건 아니건 — 는 전반적인 복종에 의해 절대적 지배의 위임에 참여할 수 있음을 안다. 희생은 그에게 힘을 향한 의지에 반대되는 것처럼 보인다. 그런데도 관념이나 원칙을 위해서 자신을 희생하는 것은 이 관념과 원칙의 힘을 그 자신만이 체화하는 것으로 되돌아온다. 자기 보존에 관한 어떠한 이론도 왜 풍요로운 미래를 가진 젊은이들이 자발적으로 자살 테러를 감행하는지를 설명하지 못할 것이다. 그들은 실제로 길 한가운데서 혹은 비행기 안에서 그리고 수십 명을 살해하며 죽음 속에서 삶에서는 결코 알지 못했던 힘에 도달한다. 희생의 도덕은 순교보다도 훨씬 더 온건하고 평화로운 형태를 띨 것이다. 일에 대한 헌신, 사회적 자선 행위, 철학자 비트겐슈타인이 했던 것과 같은 유산의 포기가 그러한 예다. 니체는 이를 다음과 같이 기술한다.

"열망으로 자기를 희생하면서, 그리고 자기 자신을 제물로 바치면서 당신은 다음과 같은 생각이 주는 도취를 즐기고 있다. 힘을 가지고 신이건 인간이건 당신이 자신을 희생할 누군가가 있다는 생각이 그것이다. 당신은 새로운 희생을 확고히 하러 오는 힘의 감각에 의해 도취된다. 진정 당신은 단지 외관상으로만 당신을 희생한다. 왜냐하면 사유에 의해 당신은 오히려 신을 왜곡하기 때문이다. 그리고 당신은 자신이 신인 양 놀이를 한다.”(『여명』, IV, 215)

삶의 가치는 바로 힘에 있다

힘을 향한 의지—가장 좋게 발현되건 가장 나쁘게 발현되건 간에—를 삶 자체라고 인정해보자. 삶의 가치가 존재하다면 그것은 힘, 즉 삶이 진행되는 곳에 자리 잡고 있어야 한다. 니체는 생애 말년에 완성한 저서 중 하나인 『반그리스도』에서 이를 명료하게 정리한다.

“좋은 것은 무엇인가? 인간에게 힘의 정서, 힘을 향한 의지를 일으키는 것은 바로 힘이다. 나쁜 것은 무엇인가? 약함에서 유래한 것. 행복은 무엇인가? 힘이 증대되고 저항이 극복된다는 느낌.”(『반그리스도』, 2)

삶은 그러므로 가치에서 해방된 것이 아니다. 가치는 삶의 외부, 우주의 전반적 질서, 모두가 공모한 목적, 신성, 모든 사물이 숨기고 있는 의미에 있지 않다. 가치는 모든 행동, 모든 몸짓, 모든 움직임, 달리 말해서 우리가 도달한 힘의 정도, 우리가 체험한 힘의 느낌에서 발견된다. 그러면 사람들은 왜 고통과 쾌락, 행복과 불행이 부수적이고 부차적인 결과에 불과한지를 알게 된다. 우리는 우리의 힘이 증대될 때—장애를 극복한 후—쾌감을 느낀다. 반대로 우리의 힘이 약화될 때—저항에 굴복했을 때—고통을 느낀다.

힘을 향한 의지는 창의적인 이타성이다

삶에 내재하는 가치가 힘의 정서라면 이 가치는 순수하게 기계적이고 양적이기 때문에 이치에 맞지 않는 것으로 보일 수 있다. 왜 더 많은 것을 향해 이렇게 절제되지 않은 과정이 이루어지는가? 우리는 순수한 본능에 의해 규정되는 동물처럼 존재하는가? 유일한 목적으로서 증식은 그 자체로만 충분한 의미를 가질 수 있는가? 그러나 이러한 부정적 질문은 힘을 향한 의지가 갖는 두 번째 국면을 망각하는 것이다. 힘의 상승은 조직화, 형태의 구현으로 이루어진다. 힘을 향한 의지는 세계라는 혼돈 속에 어떤 질서를 구축하는 것이다. 달리 말해 사물에 자신의 힘을 부과하는 것은 그것에 의미를 부여하는 것이다.

이것이 힘을 향한 의지가 단순히 야만적인 것이 될 수 없는 이유다. 억압과 마찬가지로 폭력은 약함의 징후도 힘의 징후도 아니다. 자신의 대상을 억압할 필요가 있는 힘은 복종시킬 만큼 충분히 합법적인 권위를 갖지 못한 힘이다. 힘은 억압하면 할수록 자신을 지탱하는 토대를 잃기 때문에 점점 더 약해진다. 그래서 다른 사람의 힘을 파괴하거나 탈취하려는 사람은 자신의 힘을 잃게 된다.

반대로 니체가 의미하는 바에 의하면 힘을 향한 의지는 외부로 발산할 필요가 있는 힘의 과잉이다. 다른 사람에게 전달해야 할 것은 잉여분이다. 힘 덕분에 의미를 준다는 것은 그저 주기만 한다는 것이다. 교향악단을 이끄는 작곡가는 악단에 자신의 작품, 리듬, 멜로디를 준다. 그 사람이 없다면 연주자들은 무엇을 연주하고 어떻게 서로 조화를 이루어야 할지 알지 못할 것이다. 그 사람이 오케스트라를 지배하는 것은 단지 그의 기부에 의거할 뿐이다. 기업의 대표가 그의 종업원에게 하는 명령은 종업원들에게 기업의 목적을 부여하는 것이다. 경영에 대한 기업가의 의지가 없다면 종업원들은 일자리를 잃을 것이다. 그러므로 니체는 힘을 향한 의지를 '기부의 미덕'이라고 부른다.

"지배욕. 누가 위에 있는 것을 열망하고 힘을 향해 내려가려는 그런 욕구를 질병이라고 명명할 것인가? 이러한 열망, 이러한

하강에 병적인 것, 비정상적인 것은 없다! (……) 고독한 탁월함
은 영원히 고독할 운명은 아니며 영원히 자신에게 만족하지도
않는다. 산은 계곡으로 내려가고 정상의 경사면은 바닥으로 향
해 있다."(『차라투스트라는 이렇게 말했다』, III, 「세 가지 악」, 2)

진정한 힘을 향한 의지가 드러날 때는 언제나 가장 낮고 가
장 약한 자에게 그 힘의 일부를 기부하려 할 때다. 이렇게 명령
하는 것은 기부하는 것이고 복종하는 것은 받는 것이다. 힘을
향한 의지는 압제자보다 창조자에게서 더 많이 발견된다.

자신의 힘을 긍정하는 것은 의미를 창조하는 것이다

사물을 소유하는 첫 번째 방식은 그것에서 유용성을 발견하고
그것의 기능을 각인하는 것이다. 그리고 우리의 의지에 상대적
인 그것의 의미를 창조하는 것이다. 힘을 향한 의지는 언제나
현실에 대한 해석이다.

"힘을 향한 의지는 해석한다. 기관의 형성에서 문제가 되는 것
은 해석이다. 힘을 향한 의지는 힘의 경계를 정하고 힘의 정도
와 차이를 결정한다. (……) 진정 해석은 그 자체로 어떤 사물을
지배하는 수단이다."(『유고(1885)』, 2[148])

이 과정은 심리적 차원에서 인간에만 한정되지 않는다. 기관들도 역시 신체의 필요에 봉사하는 방식으로 여러 세포를 배열하는 일종의 해석이다. 마찬가지로 벽을 뒤덮는 담쟁이덩굴도 벽의 표면을 햇빛을 받는 수단으로, 그에 따라 잘 번지게 해주는 수단으로 해석한다. 바위를 깎는 물살도 바위를 해석한다. 이를 위해 물살은 물이 흐르고 있는 유역에 도움이 되게끔 바위가 침식되도록 바위에 새로운 의미를 부여한다. 그러므로 우리는 인식과 행위, 이론과 실천을 분리할 수 없다. 이러저러한 사물을 알고 거기서 어떤 흔적은 보고 어떤 것은 망각하며 이러저러한 세부 내용을 확대하고 다른 것은 최소화하도록 추동하는 것은 언제나 욕망, 필요, 충동이다. 그 이유를 살펴보자.

"오직 해석된 사실만이 존재할 따름이다."(『유고(1887)』, 7[60])

여기서 우리의 해석 뒤에 해석 대상을 구성하는 실재가 있어야 한다는 반론이 가능하다. 그런데도 니체는 사실이 그 자체로 다른 사실의 해석임을 인정한다. 모든 것은 우리 시선과 뇌의 프리즘을 통과한다. 또한 모든 것은 자신의 전개 과정을 수행하기 위해 자연의 각 요소가 가진 고유한 의도를 통과한다.

실재에 관한 수천 가지 텍스트

세계는 그러므로 의미와 분리될 수 없다. 세계를 분리하는 것은 어림도 없는 일이다. 세계에는 의미가 무한히 넘쳐난다. 각 존재가 자신의 고유한 관점에 입각해 현실을 해석한다면 가장 좁은 것에서부터 가장 넓은 것에 이르기까지 세계에 대한 많은 해석이 존재하게 된다. 이처럼 '무한한 새로움'의 장이 우리에게 열린다. 삶을 태동하게 하는 많은 의미의 심연이 열린다.

> "우리가 세계 안에 무한한 해석을 포함시킬 수 있는 가능성을 배제할 수 없는 한 세계는 이미 우리에게 무한한 것이 되었다."
> (『즐거운 학문』, V, 374)

'진리가 존재하지 않는다'는 것과 '세계는 거짓임'을 배우는 것에는 실망스러운 점이 있다. 보편적 진리의 부재에 분노하고 스스로 편협한 시야에 갇혀 있다고 믿는 허무주의자도 사정은 유사하다. 그러나 니체는 관점이 미궁처럼 증식하는 상황에서 참된 전망을 본다. 우리는 비관주의나 기독교에 입각한 허무주의가 우리에게 처방하려고 했던, 삶의 보편적 의미에 사로잡힌 죄수가 아니라는 것이다. 우리는 힘을 증대시킴으로써 삶에 대한 시야를 확장하고 더 고양되고 더 풍요롭고 더 다채로운 새로

운 의미를 창출할 수 있다. 왜 차라투스트라가 자유의지를 주장
했는지 이제 알 수 있다. 의미에 대한 창의적 해석이 이루어지
는 의지는 허무주의, 결코 오지 않을 의미를 지루하게 기다리는
것, '모든 것은 헛되다'는 답답한 상투어구로부터 우리를 해방
시켜준다.

짚고 넘어가기

1 당신은 삶에 의미가 있는지 자신에게 질문해본 적이 있는가? 당신이 이 질문을 하도록 추동한 것은 무엇인가? 당신에게 삶의 의미를 측정하는 것, 삶의 가치 표준이 되는 것은 무엇인가?

2 어떤 경험이 당신에게 힘이 나는 듯한 느낌을 주는가? 이런 감각을 묘사해보려고 시도한 적이 있는가? 평정, 확신의 느낌인가? 반대로 흥분과 도취의 느낌인가? 당신은 사물이나 타인을 지배함으로써 자신의 힘을 충분히 느꼈는가? 혹은 당신 자신을 지배함으로써 그랬는가?

3 당신은 명령을 해야 하고 다른 사람을 지휘하거나 인도해야 하는 상황에서 편안함을 느끼는가? 그러면 당신은 단순히 자신의 힘을 이용—또는 남용—한다는 느낌을 갖는가? 반대로 당신의 명령을 통해서 어떤 것을 주거나 전달한다는 느낌을 갖는가? 만약 당신이 권력을 가진 것을

불편하게 느낀다면 당신은 명령을 따르는 사람에게 소중한 어떤 것을 전달하거나 기부할 경우에만 명령을 하겠다는 규칙을 채택할 수 있는가?

4 복종하거나 명령을 수용하는 것이 불편하다면 당신은 자신을 강하고 풍요롭게 만드는 참된 기부의 명령과 자의적인 힘의 행사인 명령을 구분할 수 있는가?

5 아마도 당신은 권력 행사와 힘의 과시에 반대할 수 있을 것이다. 그렇다면 당신은 희생, 양보, 복종, 사심 없는 생각과 같이 권력 행사와 완전히 반대되는 것처럼 보이는 행동에서 힘을 향한 의지를 식별할 수 있는가? 당신의 행동과 태도 하나하나에서 당신을 위로해주려고 하는 힘이 무엇인지 분간할 수 있는가?

6 힘을 향한 의지는 세계를 해석한다. 당신은 자신이 가장

강한 힘을 느끼는 영역에서 어떤 점이 사물에 대한 당신의 가치 판단을 결정하는지 발견해보라. 또는 당신이 힘이 있다고 느끼는 경우와 힘이 없다고 느끼는 경우가 각각 어떤 점에서 삶에 대한 당신의 관점을 결정하는지 발견해보라.

7 세계에 대한 당신의 시각이 당신의 해석과 필요성, 약함, 힘에 의해 규정된 사활이 걸린 당신의 관점에 불과함을 인식하고 있는가? 당신은 다른 관점, 어쩌면 당신의 것과 근본적으로 다른 관점을 상상할 수 있는가? 어떤 필요성과 힘, 약함으로부터 당신의 것과 가장 동떨어지고 적대적인 것으로 보이는 세계에 대한 시각과 가치, 이상이 나왔는지 짐작할 수 있는가?

도덕은 어떻게 세상을 뒤엎는가?

힘을 향한 의지에 관한 가설은 니체에게 세계에 대한 종교적, 도덕적, 철학적 전망, 그리고 정치적 이상과 관련된 전망을 갖게 하는 근본 동기가 무엇인지 밝혀내는 데 유리한 방법—일명 계보학—을 제공한다. 우리는 이제 각각의 가치 판단이 하나의 관점, 욕구와 본능, 힘을 확장하고 강화하고자 하는 의지에 근거해서 이루어지는 현실에 대한 해석에서 기인한다는 사실을 알게 되었다. 어떤 관념도 자신이 이해한 것을 벗어나 있지 않고 모든 이론은 그것을 주장하는 사람의 존재와 삶의 방식을 정당화한다는 의미에서 실천에 옮겨질 이유를 갖는다.

그러나 만일 모든 사상 뒤에 삶이 있다면, 그리고 철학, 도덕, 종교가 궁극적으로는 특정 삶의 방식을 옹호하는 것이라면 삶에 적대적인 사상, 살아 있는 모든 것과 삶을 풍요롭고 강렬하게 만드는 것에 대해 전쟁을 선포하는 종교와 철학은 어떻게 가능해지는가?

우리는 쇼펜하우어의 비관주의 철학에서 이 문제와 만났다. 쇼펜하우어는 '생의 의지에 대한 부정'에서만 구원을 발견한다. 그런데도 삶의 의지를 부정할 때 생기는 가장 치명적이고 노골적인 징후는 확실히 몇몇 거대 종교, 특히 니체가 죽음과 증오의 종교로 여기는 기독교에서 발견된다.

기독교, 죽음의 종교

어떻게 사랑의 종교를 자처하는 종교가 살해, 고문의 도구인 십자가를 상징으로 선택할 수 있는가? 우리가 만약 성스러운 영혼을 가진 사람이 기관총, 전기의자, 가스실 장식을 목에 달고 있는 모습을 보게 된다면 충격을 받을 것이다. 그러나 십자가를 달고 있는 모습은 우리에게 거의 충격을 주지 않는다. 우리는 이미 그 종교의 독에 중독되어 알지도 못한 채 그 독의 희생자가 되었기 때문이다.

기독교를 특징짓는 것은 한편으로는 삶을 풍요롭게 하는 모든 것에 대한 체계적 경시이며 다른 한편으로는 실존하지 않는 순전히 허구적인 실재, 무와 죽음의 실재에 대한 찬미다. 한편으로 기독교는 풍요롭고 강렬하고 위대한 삶을 이루는 조건을 총체적으로 비난한다. 그 첫 번째 열에 있는 것이 성이다. 인간이 경험할 수 있는 가장 큰 쾌락, 종의 번식에서 가장 기본적인 조건이 되는 성 말이다. 다른 한편으로 기독교는 미, 지성, 힘, 창조성, 행복에 반대되는 것을 높이 평가한다. 산상설교의 지복에서 찬미된 '영혼의 가난함', 추함, '깨끗함', 무력함, 약함, 겸손, 슬픔이 거기에 해당한다. 기독교는 약하고 힘없는 것, 삶을 억압하는 모든 것을 이용해 살아 있는 모든 것, 삶을 강화하고 매혹시키는 모든 것을 파괴하려 하고, 궁극적으로는 삶 자체를 질식시킨다. 동시에 기독교는 '최후의 심판', '삼위일체', '하느님', '천국', '영원한 삶', '육체의 부활', '영혼' 등과 같은 기만적이고 공허한 것을 궁극적 실재로 등극시킨다.

이상적인 사랑은 현실에 대한 증오일 뿐이다

어떻게 세계보다 세계의 무—기독교인들이 말하는 '하나님' 또는 '천국'—를, 현실보다 이상을 더 선호할 수 있는가? 니체는 기독교에서 특히 강조하듯이 이상적 무를 높이 평가하는 것과 실제 삶을 경시하는 것 사이에 깊은 연계가 있음을 발견한다. 이 둘은 필연적으로 함께 간다. 우리가 이상을 추켜세울 필요가 있는 것은 항상 현실을 벌충하기 위해서다.

"저승이 이승을 훼손하기 위한 것이 아니라면 왜 저승을 만들겠는가?"(『우상의 황혼』, 「비현실적인 것의 역습」, 34)

이상의 구축은 항상 현실의 파괴, 실추, 비방을 전제한다. 그러나 현실이 이상보다 더 가치가 있다는 것을 깨닫기는 어렵지 않다. 가장 초라한 현실도 존재한다는 막대한 이점이 있기 때문이다. 존재한다는 점에서 현실 세계는 갖가지 고통과 드라마, 부정의와 더불어 기독교의 천국이나 공산주의자의 유토피아보다 무한히 더 많은 이점을 갖고 있다. 왜냐하면 실제 인간이 세부적인 면, 경이로움, 뉘앙스에서 추상이 어떤 관념에서 끌어낸 것보다 더 풍요롭기 때문이다. 마찬가지로 가장 악독한 범죄자도, 가장 심한 백치조차 인간이 존재하기를 희구하는 허구적인 '선한' 인간, '완전한' 인간보다 더 가치가 있다.

"인간을 정당화하는 것은 그의 현실이다. 인간의 현실은 영원성 앞에서 인간을 정당화한다. 현실의 인간은 단지 욕구와 꿈속에 존재하는 허구의 인간, 이상적인 인간에 비해 어느 정도로 우월한 가치를 갖는가? (……) 이상적 인간만이 철학자의 취향에 거슬린다."(『우상의 황혼』, 「비현실적인 것의 역습」, 32)

기독교의 실제 역사—사랑과 평화의 교리와 반대된다—를 살펴보면 우리는 니체를 인정할 수 있을 것이다. 기독교가 자신의 종교에 반대하는 자를 기소하고 그의 신념을 억압할 때 보여준 전대미문의 가혹함, 고문, 심문, 형벌, 금욕적 수행, 대량학살, 주술과 이단에 대한 절차, 지옥의 표상과 아동 교육에서 나타나는 사디즘에 이르기까지 이 모든 것은 기독교의 사랑이 실제로는 인간에 대한 깊은 증오를 가리는 가면임을 보여준다.

공산주의자들이 이상향을 실현한 것은 이러한 점에서 기독교를 충실히 모방한 것이다. 혁명 이후 인간의 모습이 공산주의 이론이 꿈꾸는 이상과 거의 부합하지 않음을 보고서 실망한 우리는 이러한 실패의 시련을 더 이상 우리 눈으로 보지 않기 위해서 이 이상 자체를 제거하고 싶을 것이다. 마오쩌둥은 자신의 『소홍서小紅書』에서 외부의 적을 정복했을 때도 정복해야 할 내부의 적이 남아 있기 때문에 전쟁은 끝나지 않는다고 썼다. 이모든 것은 마오쩌둥의 진정한 꿈이 계급 없는 사회, 차별 없는 사회의 구축이 아니라 그 자체로서 인간에 대한 전쟁이라는 생각을 하게 만든다. 이렇게 극단으로까지 가지 않더라도 이상의 고양이 단지 현실에 대한 근본적 혐오를 가리는 옷에 불과한 이러한 유형의 메커니즘은 우리 삶에서 대단히 많이 발견된다. 이상적인 여성을 과도하게 추구하는 강박적인 호색한은 이런 식으로 모든 현실적인 여성에 대한 증오를 해소한다.

고결한 도덕은 삶을 비난하는 대신에 찬양한다

우리의 모든 가치는 현실을 부정하기 위한 수단에 불과한가? 필연적으로 모든 도덕은 실제로 존재하는 것에 대한 공격인가? 니체는 좀더 원초적인 형태의 도덕이 존재함을 보여준다. 현실을 멸시하는 대신에 현실을 찬양하는 종교. 이런 유형의 도덕은 인간에서 악을 비난하는 대신에 인간이 가진 모든 탁월한 것, 인생이 보여주는 강렬하고 고상하며 열광을 불러오는 모든 것을 찬양한다.

니체가 '귀족의' 도덕, 주인의 도덕, 제후의 도덕이라고 부른 이 도덕이 가진 첫 번째 특징은 타인들을 판단하는 것으로 시작하지 않는다는 점이다. 이 도덕을 준수하는 사람들은 오히려 타인에게서 칭찬받아 마땅한 것을 보려고 애쓰고, 그의 고유한 행복과 재능, 지성, 아름다움, 용기를 영속시키려고 애쓴다. 결국 귀족의 도덕에 대한 첫 번째 판단은 그러므로 자기 자신에 대한 만족, 삶을 향한 감사에서 온다. 이렇게 이 도덕은 다음과 같이 주장하면서 시작된다. "우리 고상한 사람들이여, 우리 선한 자들이여, 아름다운 자들이여, 행복한 자들이여!"

능동적, 긍정적, 적극적 도덕이 중요하다. 그 첫 번째 몸짓은 삶의 승인이다. 이 도덕은 두 번째 단계에 이르러야만 그 고유한 행복에 대한 인정으로부터 '악'의 개념을 도출한다. 이 도덕은 우리가 살 기회를 얻은 삶의 정점에 놓여 있지 않은 것이 무엇인지, 즉 불행한 것, 약한 것, 속된 것, 실패가 무엇인지 알기 때문이다. 불쌍한 자나 노예가 귀족의 눈에는 이렇게 보인다. 그에게 '악'이란 말은 증오에 물들어 있지 않고 고작해야 경멸이나 어쩌다 연민에 젖어 있다. 그러나 무엇보다도 니체가 말한 거리두기의 파토스에 물들어 있다. 선은 선이 '악'이라고 판단하는 것과 다투거나 파괴하길 원하지 않는다. 선으로서는 거리를 두고 악을 보는 것으로 충분하다. 이러한 유형의 도덕에서 중요한 것은 긍정적 용어가 본원적 평가에 사용되고 부정적 용어는 그 평가의 그림자, 결과 없는 메아리에 불과하다는 사실이다. 선은 무엇이 악인지를 결정할 수 있지만 악은 무엇이 선인지를 절대로 결정할 수 없다.

단지 타인을 비난함으로써 자신의 가치를 발견할 때

어떻게 삶의 긍정이 아니라 삶의 부정에 토대를 둔 유대-기독교의 도덕에까지 이르게 되었는가? 니체가 말한 '노예의 도덕'은 주인의 도덕을 조금씩 전도시킨 결과에서 비롯된 것이다.

"모든 고결한 도덕이 자신에게 승리하는 긍정의 말로부터 진행할 때 노예의 도덕은 대번에 외부, 타자, 자기가 아닌 것에 부정의 말을 한다. 그 도덕의 창조적 행위는 바로 이 아니오다. 평가하는 시선을 돌리고 자신에게 되돌아오는 대신에 외부로 향할 필연성은 원한에 속한다. 노예의 도덕은 태어나기 위해서 항상 외부 세계, 반세계를 필요로 한다. 이 도덕은 생리학 용어로 표현하면 행동하기 위해서 자극이 필요하다. 그의 행동은 근본적으로 반응이다."(『도덕의 계보학』, I, 10)

여기서 중요한 것은 억압받는 자들의 현실적인 슬픔을 의심하고 주인의 이기심과 야만성을 옹호하는 것이 아니다. 그런데도 노예들이 자신을 방어하고 노역에서 벗어날 수 있는 방법을 아는 것이 바람직하다면 노예들은 자신들이 처한 곤경의 원인을 속이려고 부리는 간교에 대해 항의할 수 있을 것이다. 노예들은 귀족의 도덕을 체계적으로 뒤집어 자신들의 도덕을 구축했다. 노예의 도덕은 이렇게 순전히 반응의 산물이다. 긍정적 가치—사람들이 선이나 좋음이라고 평가하는 것—는 일차적 가치가 아니라 부정적 가치 평가의 부산물—해롭거나 나쁜 것—이다. 그러므로 노예의 도덕은 거절과 대립 속에서 시작된다고 할 수 있다.

그러므로 우리는 어디에서 기독교의 가치가 나왔는지를 안다. 그것은 귀족의 도덕에 대한 총체적 부정, 삶의 힘에 부여된 가치의 전도에서 비롯되었다. 이처럼 귀족이 '악'이라고 판단한 모든 것은 순수 대립에 의해서 '선'이 되었다. 허약함이 장점이 되고, 무능력이 덕이 되고, 두려움이 겸손이 되고, 무기력이 인내가 되고, 복수가 정의가 되었다. 확실하게 정당화된 노예의 증오도 주인에게는 '사랑'으로 불리게 되었다.

이러한 도덕적 전도는 실제로는 노예에게 이익이 되지 않는다. 왜냐하면 적어도 처음에는 이 도덕은 노예에게 자신의 약함에 만족하라고 촉구하고 있기 때문이다. 그리고 무엇보다도 이러한 가치는 진정한 가치가 아니다. 이러한 가치는 삶을 만들어낼 수 있는 가치에 대한 어떤 구체적인 경험에도 상응하지 않는다. 이것은 주인의 가치인 본원적 가치에 대한 파생물, 반작용, 전도된 반영물이다. 적절하게 말하자면 비현실적 가치다.

원한에 의해 가치를 선택하지 마라

노예의 도덕은 예가 아니라 아니오라고 말하면서 시작된다. 그들의 예는 솔직하고 직접적인 예가 아니다. 반대로 아니오라고 말하기 위한 수치스럽고 우회적인 하나의 방식에 지나지 않는다. 여러 방식으로 우리는 다양하게 기독교에 의거한 이 평가

방식을 계승하고 있다. 우리가 어떤 것에 예라고 말할 때 정말로 이 사물의 가치를 인정하고 있는가? 우리의 예는 항상 우리가 좋아하는 것을 향해 있는가? 혹은 우리가 싫어하는 것에 은밀하게 아니오라고 말하는 방식에 불과한 것이 아닌가? 예를 들어 우리가 얼터너티브 락을 좋아하는 것이 이 음악에서 얻을 수 있는 즐거움 때문인가? 아니면 기본적으로 상업적이면서 누구나 인정하는 다양성에 대한 거부감을 보여주기 위한 것인가? 빈곤층과 억압 계층을 옹호하는 이유가 그들의 고통을 염려해서인가? 아니면 자신이 살고 있는 풍요로운 사회에 반대하기 위한 안전한 핑계거리가 되기 때문인가?

모든 추한 것에 대한 아니오가 아니라 모든 아름다운 것에 대한 예에 뿌리를 두는 긍정의 윤리를 창출하는 것은 이처럼 니체의 기본 역할이 되었다(어느 정도 우리는 추함에 대해서도 예라고 말할 필요가 있음을 보게 될 것이다).

우리는 지금 왜 삶이 자기 자신을 부정하는 것으로 끝날 수 있는지를 안다. 기독교에 의거한 도덕을 거치면서 삶에 대한 정당화를 시도할 때 삶은 고통스럽고 억압되고 피곤한 것으로 드러난다. 기독교의 부정적 이상은 현실적인 비참한 상황에 대한 영적인 복수에 불과하다. 이 복수가 고통에 대한 최고의 치유책인가? 노예는 주인의 가치를 전도시킴으로써, 그리하여 자신의 약함과 고통을 이상으로 승격시킴으로써 주인의 잔혹성에서 벗어날 수 있는가? 기독교의 치유책은 실제로는 병을 심화시키는 독이 아닐까?

짚고 넘어가기

1 당신의 정치적, 사회적, 예술적 견해와 신념을 검토해보
자. 당신은 자신의 삶과 아무런 상관이 없는 견해를 포함
한 이러한 견해를 통해 어떤 방식으로 당신의 삶과 존재
방식의 정당화를 추구하는지 감지할 수 있는가?

2 정치적이건, 사회적이건, 종교적이건, 감정적이건 당신
이 키우고 찬미하고 따르고 있는 이상이 있는가? 당신의
이상과 현실 사이에 어떤 관계가 있는지 자신에게 물어
보라. 이상은 당신이 현실을 더 잘 견딜 수 있도록 해주는
가? 혹은 현실을 더 부정하게 만드는가? 당신은 이상으로
현실을 정당화하려고 하는가? 아니면 이상을 통해 현실
에서 도피하려고 하는가? 아니면 이상으로 당신에게 복
수하려 하는가?

3 당신은 어떤 방식으로 예나 아니오라고 말하는가? 당신
이 가족으로서 이행하는 의무와 사회적, 직업적 의무에

대해서 예라고 말하는 것은 단지 당신이 그것을 받아들이기 때문인가? 아니면 다른 유형의 행동을 거부하기 위해 우회적으로 말하는 것인가? 당신이 저녁식사 초대나 사교 모임을 거절하는 것은 다른 것을 더 좋아하기 때문인가? 이렇게 다른 것에 대해 예라고 말하는 것이 더 우위에 있기 때문인가? 아니면 아니오라고 말하고 싶은 욕구가 우위에 있기 때문인가?

4 당신은 어떻게 당신의 선호도를 결정하고 가치 목록을 만드는가? 당신을 가장 열광시키는 것, 당신에게 아무 상관이 없는 것, 마지막에는 당신을 불편하게 하고 화나게 하는 것에 관해 말해보라. 당신을 격분하게 만들고 당신에게 혐오감을 주는 것에 관해 말해보라. 그리고 반대로 그것들로부터 당신이 가장 소중하게 여기는 것을 도출해보라. 당신은 이런 식으로 당신이 추구하는 가치가 적극적인 것인지 반작용에 지나지 않는지 알 수 있을 것이다.

5   당신이 추구하는 가치가 반작용에 불과한 것이라면 당신
    은 그러한 가치가 전도된 모습을 그려볼 수 있겠는가? 다
    시 말해 그러한 가치를 바로 세울 수 있겠는가? 당신을 가
    장 풍요롭게 해주는 경험, 다시 말해 힘에 대한 당신의 느
    낌을 상승시켜주는 경험에 대해 생각해보라. 이 경험을
    당신의 가치 목록에서 가장 높은 곳에 두어라. 가장 강한
    경험에서 시작해 당신에게 불쾌감을 주고 당신을 마비시
    키고 지루하게 하는 경험에 이르기까지 가장 약한 경험으
    로 내려가보라. 이런 식으로 당신은 새로운 가치 목록을
    만들 수 있다. 삶을 부정하는 대신에 삶을 표현하는 가치
    목록을.

원한과 양심의 가책

노예가 겪는 질병, 기독교도가 겪는 질병, 도덕, 형이상학, 종교의 온상이 되는 질병은 원한이라고 불린다. 원한을 어떻게 정의할 것인가? 내가 그런 감정을 불러일으키는 다른 누군가 때문에 고통을 받을 때 갖는 정서인가? 어떤 경우에는 이렇게 다른 사람 탓으로 돌리는 데에 근거가 없을 수도 있다. 왜냐하면 우리는 자신이 겪고 있는 고통의 원인을 정확히 모르기 때문에 우리를 힘들게 했다고 아무에게나 화살을 돌리기 때문이다. 또 다른 경우에는 고통의 원인을 정확히 집어낼 수는 있지만 실제 겪고 있는 고통보다 훨씬 더 많이 부당함을 느낌으로써 우리가 느끼는 부당함의 감정은 과도하게 증폭될 수 있기 때문이다. 결과적으로 처음에 우리가 고통을 경감시키고자 고통의 원인이 되는 사실을 찾는다면 희생자가 되었다는 정서는 곧이어 온전한 질병으로 바뀐다. 이처럼 모욕감, 억압 콤플렉스, 비참함으로 난도질당하는 느낌은 원래의 고통을 영속적인 것으로 만든다. 이 고통은 이런 느낌이 없었더라면 그저 혼자 지나갔을 것이다. 니체가 주장하듯이 만일 진정한 건강이 질병의 부재가 아니라 질병에 대한 건강한 투쟁으로 이루어지는 것이라면 원한은 일시적인 고통을 고질적 질병으로, 악성 종양으로 변질시키는 병리적 반응이다.

속죄양을 찾아서

우리는 인간이 고통 그 자체를 느낄 때보다는 고통을 설명할 길이 없을 때 더 절망한다는 것을 살펴보았다. 원한만큼 자연스러운 것도 없다. 부조리한 고통에 대해 자연히 생기는 반응이기 때문이다. 니체는 자신도 한때는 이런 병리적 감정의 희생자였음을 인정한다. 그는 오래 병을 앓으면서 그 감정의 작용을 간파했다.

"분노, 병에 대한 과민성, 복수할 수 없는 무능한 상태, 욕망, 복수에 대한 갈망, 모든 의미에서 본 독살, 이 모든 것은 완전히 녹초가 된 사람에게는 가장 해로운 반응이다. (……) 원한은 병

자에게는 그 자체로 금물이다—그에게는 악이니까. 그러나 이
는 마찬가지로 그의 가장 자연스러운 성향이기도 하다."(『이 사
람을 보라』, 「나는 어찌 이리도 현명한지」, 6)

우리는 자칫하면 다른 누군가를 탓하고 다른 누구가의 과오
를 가지고 고통을 설명하고자 하는 병적인 필요성 때문에 힘들
어하는 우리 자신의 상태를 더 나쁘게 만들 수 있다. 일간지만
봐도 원한이 사회의 모든 계층에 뻗어 있음을 확인할 수 있다.
자유로운 전문직 종사자들이 세금 공제를 받는 공무원들에 대
해 갖는 원한, 공무원들이 자신들보다 더 많이 돈을 버는 자영
업자에 대해 갖는 원한, 자신들의 모든 열악한 삶에 책임이 있
는 부모에 대해 아이들이 갖는 원한, 자신들의 청춘을 앗아가버
린 아이들에 대해 부모가 갖는 원한. 고전적인 원한이 가난한
사람들이 자신들의 비참함에 책임이 있다고 믿는 부자들에게
갖는 원한이라면 오늘날은 그 반대, 즉 가장 혜택을 받는 사람
들이 혜택받지 못한 사람들에게 갖는 비정상적인 원한도 발견
된다. 예를 들어 '북부동맹'이라는 이탈리아 정당은 가장 가난
한 남부 지방이 부유한 북부 지방의 부를 탈취한다고 비난한다.
결국 가장 큰 특혜를 받는 사람들조차도 삶의 고통에서 해방될
수 없다. 우리가 처한 나쁜 상황에 대해 아무에게라도 책임을

전가하고 그 책임을 모면하고 싶은 것이 우리의 자연스러운 성향이기 때문이다.

"고통받는 자의 본능은 고통의 원인을 찾는다. 더 정확히 말하면 다른 사람, 더 정확히 말하면 고통에 민감하고 죄가 있는 다른 사람을 찾는다. 간단히 말해 결과의 책임을 지게 할 수 있는 살아 있는 사람을 찾아 실제의 인물로건 허수아비의 형태로건 어떤 핑계를 대서라도 그 사람을 탓하는 것이다. (……) '내 상황이 나쁜 것은 그 사람 탓이야.' 이런 종류의 추론은 모든 병든 자에게 고유한 것이다. 그들이 느끼는 불쾌감의 진정한 원인만큼이나 생리학적 원인도 그들에게는 감춰진다."(『도덕의 계보학』, III, 15)

원한의 반추

그러므로 원한은 복수의 형태를 띤다. 그러나 순전히 상상의 복수이다. 실행할 힘이 없기 때문에 이 복수는 자신을 향한다. 만일 우리가 모욕이나 경멸에 대해 반응할 수 있다면 원한의 과정은 일어나지 않을 것이다. 공격성이 우리 안에서 고착되고 강화되기 전에 거기서 해방될 수 있을 것이다.

"복수의 관념을 키워 실현하는 것은 일시적으로 흥분이 과도하게 분출되는 것이지만, 반대로 아무 힘도 용기도 없이 복수의 관념만 키우는 것은 고질적 고통, 정신과 신체의 해악을 연장하는 것이다."(『인간적인 너무나 인간적인』, I, 2, 60)

복수를 내면화함으로써 원한의 인간은 이처럼 자신을 희생자이자 가학자로 만든다. 이 악순환 속에서 그의 고통은 증폭될 뿐이다. 고통받을수록 복수의 욕망은 커져간다. 그러나 이 복수를 자기 안에 단단히 매어두고는 그로써 자신을 고통스럽게 하기 때문에 그의 고통과 증오 역시 점점 커져만 간다. 여기서 증오의 감정이 단지 무능함만을 발생시킬 수밖에 없는 이유가 드러난다. 자신을 옹호할 충분한 힘이 있고 공격에 대해 응수할 충분한 힘이 있는 사람은 스스로 증오를 배양하지 않는다. 증오는 자기에게 되돌아오는 폭력이다. 이 폭력은 배출구가 없기 때문에 기하급수적으로 증폭된다. 니체는 "인류의 역사에서 극심한 증오는 예외 없이 성직자들의 증오였음"(『도덕의 계보학』, I, 7)을 확인한다. 종교인들의 무능은 증오를 되새김질하게 만든다. 그들의 설교, 기도, 과장된 수사의 경향, 반복적인 주문, 이 모든 것은 이러한 끔찍한 차원을 영속하게 만든다.

망각할 수 없음

이렇게 단계가 올라가는 자기 파괴에서 벗어나는 데 도움이 되는 간단한 처방이 있다. 바로 망각이다. 왜 우리는 우리를 괴롭히는 과오를 잊으려고 하지 않는가? 그리하여 망각이라는 가장 좋은 방법을 이용해서 과거의 손실이 현재의 발목을 잡지 않고 우리 미래를 오염시키지 못하게 하지 않는가? 우리는 공동 기억의 문화, 기억이 의무인 문화, 회상이 갖는 치유의 미덕에 대한 믿음에 너무나 깊이 사로잡혀 있어 자발적인 기억 상실을 필연적으로 약함의 특징으로 여기게 되었다. 반대로 니체에게 고통스러운 기억을 잊을 수 있는 능력은 정신 건강에 대단히 중요하다. 이 능력은 원한의 괴저에 대항하기 위해서는 반드시 필요한 보호 수단이다. 우리의 경험을 인도하고, 그럼으로써 앞으로 나아가게 하고 미래의 경험을 위해 자리를 마련해주는 우리의 능력은 망각에 달려 있다. 그러므로 그 능력은 우리의 문제와 나쁜 기억을 끊임없이 상기시키는 것에 의해 선점되지 말아야 한다.

"경험의 끝에 도달하지 못하는 것은 이미 퇴락의 징표다. 옛 상처를 들추어내는 것, 자기 경멸과 회한으로 몰아가는 것은 또다른 질병이다. 기기서는 결코 영혼의 구원이 나올 수 없고 단

지 동일한 질병의 다른 병리적 형태만이 나올 뿐이다."(『유고
(1888)』, 14[155])

원한을 정당화하는 자유의지

그러므로 원한은 기본적으로 두 가지 병리 현상에 의존한다. 반
응할 수 없는 무능력과 망각의 불가능. 그러나 원한은 형이상
학적 왜곡에 의해서만 그 충실한 힘에 도달할 수 있다. 누군가
가 우리에게 고통을 준다는 사실만으로 그가 유죄라는 것이 증
명되지는 않는다. 사건, 우연한 불행, 불가피한 필연성이 문제
가 될 것이다. 우리는 그가 고의로 우리에게 나쁜 행동을 하고
싶었고, 그래서 우리를 자발적으로 공격했다고 자신에게 설득
하려고 한다. 그래서 그가 선한 의지를 가지고 있었다면 그렇게
하지 않을 수도 있었다고 믿는다. 바로 이곳이 니체가 생각하기
에 자유의지라는 개념이 등장하는 지점이다. 이 개념이야말로
모든 도덕에 그토록 본질적이며 유대-기독교의 도덕이 성공적
으로 이루어낸 경이로운 가치 전도에 대해 유일하게 책임이 있
는 개념이다. 만일 자유의지가 없다면 일찍이 우리가 증오심을
품을 사람도 없을 것이고, 따라서 어떤 원한도 가능하지 않을
것이다. 결과적으로 인간이 도덕적으로 자유롭다고 상상하게
되는 것은 처벌하고 복수하고자 하는 목적에서 기인한다.

"오늘날 우리는 자유의지라는 개념에 대해 어떤 공감도 갖지 않는다. 우리는 그것이 무엇인지 너무나도 잘 알고 있다. 신학자들의 가장 의심스러운 간교, 자기들 마음에도 인간에게 책임을 돌리려고 하는, 다시 말해 인간을 자신들에게 종속시키려는 신학자의 간교다. (……) 우리가 책임을 추궁하는 모든 곳에서 그렇게 하는 것은 징벌하고 판단하고 싶어 하는 우리의 일반적 본능 때문이다. 이것으로서 저것으로서 존재함이라는 사실이 매번 의지, 의도, 책임 있는 행위로 귀착되는 변화는 무죄성을 박탈당할 것이다. 의지에 대한 교리는 본질적으로 징벌하기 위한 목적, 다시 말해서 죄인을 찾고자 하는 목적에서 고안된 것이다."(『우상의 황혼』, 「네 가지 중대한 오류」, 7)

우리는 자유의지의 존재가 자유롭게 행위하기 위한 조건이라고 알고 있다. 하지만 그렇지 않다. 반대로 자유의지라는 개념은 인간을 판단하고 처벌하고 제약하게 해주는 허구다. 또한 자유의지는 인간에게 다르게 행동해야 했을 뿐 아니라 능히 그럴 수 있다고 말하게 해주는 계략이다. 그것은 자유의지에만 달려 있기 때문이다. 이처럼 자유의지라는 개념은 가장 효과적인 통제와 지배 수단이 된다. 우리는 한 개인을 거푸집에 집어넣기 위해 그가 거기에 들어가는 것은 순전히 그 자신에게 달려 있다고 설득할 수 있다. 달리 말해 우리는 그에게 자기 권한으로 자기 자신과 다르게 되기를 요구한다. 반대로 그는 그의 고유성 때문에 유죄가 될 것이다. 동성애자에게 '정상적인' 성적 취향을 갖는 것이 자신의 의지에 달렸음을 납득시키려고 시도했던 최근의 경우를 떠올리면 이러한 형태의 추론을 충분히 이해할 것이다.

그런데도 니체는 자유의지의 개념이 왜곡에 근거했음을 보여준다. 이 관념은 행위자와 그 행위를 분리할 수 있음을 가정한다. 하지만 우리 행동, 활동은 필연적으로 우리의 현재 모습의 일부이기 때문에 이는 불가능하다. 벼락이 칠 때 우리는 둘이 아니라 오직 하나의 현상만이 있다는 것을 잘 안다. 치는 현상이 일어나지 않고는 벼락이 성립할 수 없고 벼락 없이는 치는 현상이 성립할 수 없다. 벼락과 치는 현상은 사실은 동일한 하나의 것이다. 마찬가지로 스스로 발현하지 않는 힘이나 약해지거나 무력해지려고 스스로 선택하는 힘은 존재하지 않는다. 힘과 그 발현은 동일한 하나의 것이다.

이렇게 해서 양은 맹금이 먹이를 공격하는 것에 대해 비난한다. 그러나 맹금이 양을 공격하는 것이 맹금의 본성이며, 따라서 맹금이 공격하기로 마음먹었다고 해서 죄를 짓는 것은 아님을 잘 알고 있다. 양은 자신의 원한을 정당화하기 위해 맹금에게 자유의지를 부여해서 양처럼 행동하지 않고 오히려 맹금처럼 행동했다고 맹금을 비난해야 한다.

자신의 약점을 장점으로 여길 때

원한이 자신의 잘못을 타인에게 전가하는 것에 불과하다면 매우 고통스러운 감정일 것이다. 행복을 구하기 위해서는 또한 자신에게도 장점을 부여해야 한다. 맹금은 맹금이라는 점에서 유죄인 사실에 더하여 양은 단순히 양이라는 점에서, 그리고 자신의 포식자처럼 행동하지 않는다는 점에서 장점을 지녀야 한다. 강한 자는 강하기 때문에 유죄가 되고 약한 자는 선택과 규율 때문에, 어찌 되었거나 자신을 비껴갈 힘을 포기했기 때문에 약해졌다고 스스로 믿게 된다.

지금까지 논의한 내용을 통해 자유의지라는 거짓말이—자신의 약함이 강하지 않기로 선택한 결과인 척하는 것이 거짓이기 때문에—어떻게 해서 특별하게 정련된 형태의 복수를 허용하는지 알 수 있다. 그것은 결국 자신의 학대자를 유죄로 만드는 것뿐 아니라 자신의 곤경을 도덕적 위대함, 미덕과 순수의 현시로 해석하여 우월성을 창출해내는 방식으로 이루어진다. 실제로 복수는 약자에게 그의 약점이 자신의 위대한 장점이라고 설득하면서 약자를 더 악화시킨다. 「마태복음」의 '산상설교'

만큼 이를 더 잘 보여주는 것은 없다. 「마태복음」이야말로 도착된 신비화의 대가다.

"마음이 가난한 사람은 복이 있다. 하늘나라가 그들의 것이다.
슬퍼하는 사람은 복이 있다. 그들이 위로를 받을 것이다.
온유한 사람은 복이 있다. 그들이 땅을 차지할 것이다.
의에 주리고 목마른 사람은 복이 있다. 그들이 배부를 것이다.
자비로운 사람은 복이 있다. 그들이 자비함을 입을 것이다.
마음이 깨끗한 사람은 복이 있다. 그들이 하나님을 볼 것이다.
평화를 이루는 사람은 복이 있다. 그들이 하나님의 자녀라고 불릴 것이다.
의를 위하여 박해를 받은 사람은 복이 있다. 하늘나라가 그들의 것이다."(「마태복음」 5장 3~10절)

여기서 마음이 가난한 사람들에게는 더 가난해지라고, 슬픈 사람에게는 더 많이 울라고, 억압받는 사람들에게는 등을 더 굽히라고 부추기고 있음을 본다. 동시에 '하늘나라의 천국'에 대한 약속을 이 고통에 대한 보상으로 이용하고 있음을 본다. 이처럼 이승의 약함은 저승의 힘이고 이승의 고통은 저승의 기쁨이다. 불행한 사람은 실존하지 않는 세계에서 행복해질 것이며,

따라서 계속 고통받아야 한다. 이렇게 약한 자들은 그들 자신의 원한에 사로잡혀 있는 한 자신을 억압받게 내버려두고 있는 셈이다.

그러므로 그들은 현실의 실패를 이상의 수준에서 복수하기 위해 종교, 형이상학, 철학, 도덕에서 지원받고자 한다. 이런 식으로 이슬람 근본주의가 태동했다. 무슬림 국가들은 2세기 동안—식민지가 됨으로써, 냉전 기간에는 도구가 됨으로써 그리고 석유와 일차 자원을 얻고자 하는 주저 없는 현실정치 역학에 의해— 서구 국가들에 의해 착취당했다. 오트만 제국, 페르시아 제국, 아랍제국의 영화를 누렸으나 결국 기술이 수세기나 뒤처질 만큼 낙후되었다는 사실은 확실히 수치스러운 일이다. 그렇다. 아랍 국가들은 '양'이고 서구 국가들은 '맹금'이다. 그러나 한없는 원한이 이 실패와 수치심에 대해 가장 좋은 치유법이 되는가? 니체식 논증의 모든 요소는 여기서 통합된다. 무엇보다도 현실적인 고통 자체와 무관하면서도 모든 악에 책임이 있는 죄인—예를 들어 이스라엘 또는 국제연합—의 필요, 비타협적이고 오만한 신앙, 절대적 '순수'라는 가혹한 도덕으로 도피하기, 마지막으로 적을 마음껏 비난하고 과거 학대자에 대한 유혈의 환상적인 승리에 대한 상상을 즐기도록 허용하는 도덕적 우월감 말이다.

팔레스타인의 경우는 특히 극적이다. 팔레스타인 국가 프로젝트가 시온 프로젝트에 대해 단순히 부정한 것이듯이 순전히 반동적인 것이기 때문이다. 유대인의 국가가 건설된 후에야 팔레스타인 국가 건설을 위한 반동적이고 모방적인 투쟁이 이루어졌다. 팔레스타인은 1948년의 대탈출을 묘사하기 위해 '쇼아(절멸)'라는 히브리어 개념을 모방해서 정확한 아랍어 동의어인 '나크바(대재앙)'를 선택했다. 여기서 중요한 것은 점령 지역 주민들이 겪는 비참한 사태, 고통의 부정이 아니다. 원한의 전략이 치료법이라기보다는 오히려 독이라는 점을 보여주는 것이 중요하다. 원한은 원래의 고통을 증대시킬 따름이기 때문이다.

속죄양에 대한 강박적 필요성은 스스로 개선시킬 수 있는 것에 몰두하지 않게 해주는 가장 좋은 수단이다. 종교적 보수주의로 도피하는 것은 종교의 자유가 보장되는 국가와 기술적, 경제적 간격을 더 많이 벌리는 가장 좋은 방법이다. 그렇다고 해서 도덕적, 종교적 순수주의가 함축하는 폭발적인 폭력의 잠재성이나 믿기 어려운 좌절에 대해 말해야 하는 것도 아니다. 허무주의에 의거한 도덕은 자신이 돕는 척하는 사람들을 결국 파괴하고 만다.*

양심의 가책 혹은 폭력이 자기 자신을 향할 때

원한을 체험하는 것은 폭력을 내면화하는 것이다. 우리에게 가해지는 공격을 향해 직접 복수하는 대신에 우리의 상상 속에서 복수를 되새긴다. 그러나 양심의 가책은 훨씬 멀리까지 진행한다. 양심의 가책이란 무엇인가? 그것은 인간 존재의 본성적 잔혹성과 폭력을 자기 자신에게로 돌리는 것이다. 원한을 품은 인간이 모든 대가를 치르고서라도 자신의 불행에 책임이 있는 죄인을 찾는 반면, 양심의 가책을 느끼는 인간은 자신이 그 죄인이기라도 한 것처럼 자기 자신을 학대한다. 원한을 품은 인간이 자신의 폭력을 담아두고서 내면화하는 반면, 양심의 가책을 느끼는 인간은 이 내면화된 폭력으로 자신을 고문한다.

양심의 가책은 확실히 사회의 모든 삶에 유전된 현상이다. 사회의 안녕을 위해 사람들은 내면화된 폭력을 다른 사람들에게 표출하지 않아야 하기 때문에 이 폭력을 자신에게 표출할 수밖에 없다. 이것이 '우리에 갇힌 인간'의 병리학이다.

---

* 무엇보다도 니체가 기독교나 불교와 차별을 두어 이슬람교를 삶을 긍정하는 능동적 종교로 분류한 점을 강조하자. 그러나 그가 염두에 둔 것은 스페인계 회교도가 번성시킨 이슬람 문화의 영화이지 실제 근본으로 회귀한 것이 아니다. 이러한 회귀는 그 반동적 양상으로 반동적 본성을 증명할 따름이다.

"외부의 적과 저항은 없어지고 억누르는 협소한 관습과 규칙에 갇혀 초조하게 자신을 찢어발기고 자신을 몰아세우고 자신을 물어뜯고 자신을 학대하는 인간, 자기 우리의 창살에 부딪혀 피 흘리는 이 동물, 사람들이 길들이고자 하는 이 동물, 사막에 대한 향수를 견뎌내야 하고 스스로 모험, 처형대, 불안하고 위험한 정글을 만들어내야 하는 빈민—이 바보, 그리워하면서 절망하는 이 죄수가 '양심의 가책'의 발명자가 되었다. 양심의 가책은 그와 더불어 가장 심하고 가장 무시무시한 질병, 인간이 오늘날까지도 치유하지 못하고 있는 질병, 인간을 고통스럽게 하는 질병, 인간 자신에 의해 고통스러워지는 질병을 야기했다. 이것은 인간을 그 동물적 과거와 난폭하게 떼어놓은 결과다."(『도덕의 계보학』, II, 16)

모든 동물은 우리 속에서 괴로워한다. 인간이 사회에서 고통을 받는 것은 놀라운 일이 아니다. 그러나 스스로 죄수라고 느끼면서 자기 원한에서 비롯된 폭력을 자신들을 가둔 자들에게로 행사할 개연성이 있는 사람들의 공격성을 누그러뜨리는 것은 중요하다. 그러므로 과오의 개념을 고안해 고통스러워하는 사람들로 하여금 과오가 그들이 느끼는 고통의 원인이라고 믿게 해야 한다.

"나는 괴롭다. 이것은 확실히 누군가의 잘못 때문이다. 병든 양은 이렇게 생각한다. 그러나 그의 목자로 금욕주의자인 사제는 그에게 말한다. '나의 양이여, 이것은 누군가의 잘못 때문이다. 그러나 그 누군가는 바로 너다. 이것은 너의 과오, 너로부터 기인한 과오다. 너에게 잘못을 저지른 자는 바로 너 자신이다.' 얼마나 뻔뻔스럽고 잘못된 말인가? 그러나 이런 시도를 통해 적어도 하나의 결과에 도달한다. 내가 반복하듯이 원한이…… 방향을 틀었다."(『도덕의 계보학』, III, 15)

양심의 가책은 사제들에게 모든 이의 고통을 일반화하고 증대시켜 자신들을 마지막 심판의 날과 구원에 대한 약속과 더불어 필수불가결한 존재로 만드는 데 유용한 무기로 작동한다. 사제는 자신의 약을 팔기 위해서 그의 신도들을 고통스럽게 할 필요가 있다.

행복에 대해 느끼는 죄책감

불행한 사람들이 자신들의 불행에 대해 죄책감을 느끼게 하는 것으로는 충분하지 않다. 여기 기독교, 즉 일반화된 복수가 획득한 가장 궁극적이고 세련되고 정교한 승리가 있다.

"그러므로 언제 그들은 자신들의 궁극적 승리, 가장 정교하고 숭고한 승리에 도달할 수 있게 되는가? 그들이 고유의 비참함, 행복한 사람들의 의식에 내재된 비참함을 넌지시 암시하는 데 성공할 때 도달하게 될 것이다. 그 결과 이 행복한 사람들은 어느 날 그들의 행복에 대해 수치심을 느끼고 말 것이고 자기들끼리 다음과 같이 말하게 될 것이다. '행복한 것은 수치스러운 일이야. 이토록 불행이 많은데!'……그러나 행복한 사람들, 성공한 사람들, 몸과 마음이 강한 사람들이 행복에 대한 자신의 권리를 의심하기 시작하는 것을 보는 것보다 더 심하고 더 지독한 오해는 있을 수 없을 것이다."(『도덕의 계보학』, III, 14)

이슬람 교조주의가 오늘날 볼 수 있는 형태의 도덕주의적 원한이 된 것과 마찬가지 방식으로 타락한 서구인인 우리 역시 스스로의 행복에 대해 수치스러워하는, 양심의 가책을 느끼는 인물이 우리 자신임을 인지한다. 우리가 현실적으로 누리는 번영이 과거 식민지 시대의 죄악이나 과도한 자연 개발 덕분에 얻은 것일 수 있다. 그러나 우리의 힘과 번영에 대해서 이토록 죄의식을 가져 우리 자신에게서 '행복의 권리'를 박탈해야 하는가? 교조적 생태주의자가 느끼는 양심의 가책은 이슬람 교조주의자의 원한과 부합된다. 우리 시대에 성립한 이 두 가지 전제주의 이데올로기, 도덕적 테러리즘의 최신판 분신이라 할 수 있는 이 두 이데올로기는 다음과 같은 점에서 일치한다. 힘 있고 잘 사는 사회는 그들의 힘에 대해 죄책감을 가져야 하며 행복한 인간은 당연히 자신의 힘에 대해 죄책감을 가져야 한다.

인간은 자신의 행복과 불행에 대해 죄책감을 가져야 한다는 점에는 쟁점이 성립하지 않는다. 알라신 앞에서건 '자연'이라는 신 앞에서건 필연적으로 '원죄'가 성립해야 한다. 구원할 것만 있으면 되지 자신의 영혼을 구할지 지구를 구할지, 구원의 대상이 되는 것은 중요하지 않다…… 생태학은 자연을 향한 실제 사랑이라는 동기를 가질 때 확실히 적극적인 도덕이 된다. 그러나 너무나 자주 생태학은 반동적인 양상을 띤다. 환경 보호는 인간과 사회에 대한 현실적인 증오를 숨기기 위한 동기에 불과하기 때문이다. 생태론자들이 가장 진부한 도덕적 담론을 재사용하는 데 만족하고 있다는 것은 그들이 애매모호한 상태에서 가장 많이 하는 설교만 들어봐도 알 수 있다. 그들은 지구의 미래를 생각하기보다는 현재의 순간을 더 즐기고 싶어 하는 인간의 '쾌락주의', '무사태평', '이기주의'를 비난하면서 이것이 구약의 신이 소돔인의 타락이나 바벨탑의 건설을 처벌한 것과 정확히 같은 방식으로 환경 재앙에 의해서 처벌되리라고 경고한다. 생태론자와 이슬람 교조주의자가 서로 대립하고 있긴 하지만 그들의 근본 동기는 서로 닮아 있다. 부르카를 입든 쓰레기를 분류하든 속죄를 위해 고행하는 것이다.

우리에게 죄가 없음을 발견하라

모든 고통, 모든 폭력, 모든 부정보다 더 나쁜 것은 인간의 삶을 구속하는 '처벌', '유죄', '책임'이라는 관념이다. 만일 우리가 우리 자신의 고통에 대해 다른 사람들을 유죄로 만든다면 결국 인간의 조건이 지닌 모든 비참함에 대해 존재가 영위하는 삶 자체를 비난하게 될 것이다.

"도와주시오. 기꺼이 돕고자 하는 선한 의지를 가진 사람들이여, 당신들을 기다리고 있는 과업이 있다. 세계에서 그것을 완전히 황폐하게 만드는 처벌의 개념을 삭제하라. 이보다 더 나쁜 오염원은 없다. 사람들은 이 개념을 우리 행위의 결과에 적용할 뿐 아니라—원인과 결과가 원인과 처벌로 간주되고 있다. 이 얼마나 괴기하고 이성에 맞지 않는 것인가!—처벌이라는 개념을 추악하게 세련되게 만듦으로써 기대 이상의 목적을 이뤄냈다. 즉 도래할 모든 것이 가진 순수한 우연성에서 죄가 없음을 온전히 박탈했다. 더구나 열광을 몰아부쳐 존재 자체를 처벌로서 체험하도록 엄명했다—인간성에 대한 교육은 현재

까지도 간수와 사형집행인에 의해 혼탁해진 상상이 이끌고 있다!"(『여명』, I, 13)

우리는 니체를 따라 기독교가 강요한 유죄의 의혹을 받는 대지를 씻어야 한다. 또한 니체를 따라 인간을 죄와 책임의 관념에 의해 유발된 비방으로부터 해방시켜야 하며 인간과 인간에게 도래한 모든 것의 절대적 무죄와 면책을 정립해야 한다. 우리는 이웃과 사회 전체에 대해 책임이 없듯이 우리가 누구인지에 대해서도 책임이 없다. 우리가 우리 자신인 점과 우리가 행동하는 방식이 우리의 죄가 아니듯 우리의 장점도 되지 않는다. 그런데도 우리는 최선을 다하기 위해 우리 존재의 숙명을 받아들일 수 있다. 이를 위해 우리는 책임감이라는 이슬비와 도덕이라는 오염된 분위기, 원한과 양심의 가책이라는 독약에서 벗어나야 한다.

"이 모든 인간적, 사회적, 도덕적 속박을 쓸어버리고 어린아이처럼 춤추고 뛰어보자."(『유고(1880)』, 8[76])

도덕은 우리의 가장 나쁜 본능을 침해하며 우리에게서 무구한 속성을 제거한다. 도덕은 우리의 현실을 과오, 죄, 책임, 처벌의 범주로 분류함으로써, 그리고 변화와 존재하는 모든 것이 가진 근본적인 무구함을 감춤으로써 현실을 추하게 만든다. 우리를 다시 태어나게 하고 우리의 생동적 본능을 다시 발견하기 위해 우리는 부도덕을 감행해야 한다. 다시 말해 고유하고 독자적이고 개별적인 우리의 도덕을 발견해야 한다.

짚고 넘어가기

1   책임이 있는 다른 사람이나 사물을 비난해서 당신의 불행
    을 설명하고자 할 필요성을 느낀 적이 있는가? '죄가 있
    는' 누군가를 발견했다는 느낌이 당신에게 해방감을 주는
    가? 상상의 복수를 통해 느끼는 병적인 즐거움이 결국 당
    신을 괴롭히고 파괴하고 말 것이라고 지각하지 않는가?

2   공격이나 모욕에 대해 원한과 복수심에 잠식당하지 않는
    방식으로 즉각적으로 반응할 수 있는가? 당신은 공격성
    을 드러내지 않는 방식으로, 때로는 유머를 섞어 온건한
    방식으로 '복수할' 수 있는가? 그리하여 되풀이되는 원한
    이 가져올 해롭고 고질적인 내면의 복수로부터 자신을 보
    호할 수 있는가?

3   당신은 망각은 약함이며 고통스러운 사건을 잊는 것이 수
    치스러운 현실 도피 방식이라고 생각하는가? 아니면 망
    각이 파괴적인 원한에 대한 강력한 치유책, 당신에게 독

이 되는 기억에 대한 자연스러운 방어책이 될 수 있다고
여기는가?

4   당신은 당신의 약함, 과오, 실패를 장점으로 간주함으로써
양보, 겸손, 좌절을 선호하는 양심에 따르고 자유로운 당
신의 결정을 정당화할 필요가 있다고 생각하는가? 아니면
당신의 실패를 인정할 수 있고, 그럼으로써 죄책감도 전도
된 거짓의 오만함도 없이 실패에 직면할 수 있는가?

5   당신의 고통을 과오 또는 죄에 대해 당신이 간과하고 있
을 심한 죄책감에 대한 처벌, 정당한 제재라고 생각하는
가? 아니면 삶의 불가피한 양상으로서 존재에 반드시 필
요할 수도 있는 구성요소 아니면 심지어 유익하기도 한
것으로 여기는가? 자신의 고통에 대해 더 이상 죄라고 느
끼지 않는 것만으로 상당히 마음이 가벼워진다고 느낄 수
있는가?

6   행복한 것에 대해 수치심을 느낀 적이 있는가? 세계의 모
     든 비참함 앞에서 행복한 것은 온당하지 않다고 생각하는
     가? 행복을 달성했다면 당신은 필연적으로 유죄인가? 당
     신은 자신의 불행에 대해 책임이 없듯이 당신이 느끼는
     행복에 대해서도 유죄가 아님을 인정할 수 있는가?

집단에서 벗어나
자기만의 도덕을 정립하라

도덕은 사회에 유용한 기능을 제공한다. 개인을 길들이고 조련
해서 야만적인 맹수의 무리를 양순한 동물의 무리로 변형시킨
다. 우리는 왜 강자들—야수의 대장에서 무리의 목자로 변한
이들—이 '통치하기 위해' '약함'이라는 가치를 이용하는지 알
수 있다.* 역사상 인간 존재는 언제나 길들여지면서 의도적으
로 점점 힘을 잃어갔다. 개인을 공격하지 않고 온순한 존재로
만들기 위해 힘을 떨어뜨려야 하고 거세하고 더욱 병들게 해야
한다. 인간 존재는 회복하려면 결과적으로 집단의 도덕에서 자
신을 구해내 그 자신에게 적절한 것으로 여겨지는 것을 발견해

---

* 『유고(1888)』, 15[78].

야 한다. 이러한 길은 자신의 독자성을 정복함으로써 다다를 수 있다.

이웃에 대한 사랑이 아니라 두려움이 도덕을 부추긴다

니체에 따르면 모든 도덕의 유대는 이웃에 대한 사랑이 아닌 이웃에 대한 두려움에서 비롯된다.* 오늘날 정치적 맥락에서 옳다는 것이 중요하게 대두됨으로써 이런 도덕적 공포심은 어지러운 방황을 거쳐 타자에 대한 진정한 혐오에 이르렀다.

우리는 단지 우리 가방을 낚아채갈지 모르는 '청소년'이나 흉악한 테러리스트로 밝혀질지도 모르는 '수염 난 아저씨'만 두려워하는 것이 아니다. 우리는 기차에서 휴대전화로 크게 통화하는 승객, 담배 연기를 뿜어대 기침이 나오게 할 수도 있는 흡연자, 우리를 성적 대상으로 환원시킬 수 있는 마약중독자, 귀찮게 괴롭히는 단골, 우리 초상권을 침해하는 사진사, 오르가즘에 도달한 상태에서 너무 크게 소리를 질러대는 이웃 여자, 모욕적인 언사로 우리의 고유한 사랑을 훼손시키는 인종차별주의자나 동성애혐오자도 두려워한다. 그리고 이러한 목록은 매일매일 늘어난다. 안전에 관한 통계가 물리적 폭력과 언어 폭

---

* 『선악을 넘어서』, V, 201.

력을 동일한 범주에 포함시킨 이래로 우리는 전반적으로 타인에 대해 두려워하는 만큼 모든 인간의 교류를 폭력적인 것으로 여긴다.

개인은 집단의 적

인간 집단은 규범에서 벗어나고 집단의 확신과 관습, 응집력을 교란시킬 수 있는 모든 사람을 본능적으로 두려워한다. 집단은 온순한 구성원들의 잠재적 폭력뿐 아니라 전체 구성원 중 하나라도 독특하게 만들 수 있는 모든 기벽을 억제한다. 개인은 이처럼 집단이 지정하는 적이 된다.

> "도덕은 개인이 집단의 기능이 되고 기능의 가치만 가지도록 이끈다."(『즐거운 학문』, III, 116)

우리는 개인의 기능을 집단의 도구로 축소시키는 것에 대해 분노할 수 있다. 가장 끔찍한 억압이기 때문이다. 결과적으로 집단은 모든 새로운 것을 위협으로 여기고 ―"새로움은 모든 환경에서 악이 된다"*― 창조자를 항상 범죄자로 취급한다.

* 『즐거운 학문』, IV, 376.

"선한 자들과 정의로운 자들을 보라! 그들이 가장 미워하는 자는 누구인가? 그들의 가치 목록을 망가뜨리는 사람, 파괴자, 범죄자들이 바로 그들이다. 그러나 바로 그 사람들이 창조자다."
(『차라투스트라는 이렇게 말했다』, I, 9)

다른 한편으로 우리는 무리의 기능으로 환원되는 것이 마음이 놓인다고 생각할 수 있다. 기계의 톱니바퀴에 불과한 존재, 기관의 하나로 유기체에 통합된 존재는 대체되는 대상이 될 수 있다. 도덕에 영향을 미치는 모든 개인성의 거세는 무리를 이끄는 목자의 이익에만 기여하는 것이 아니다. 정신적 혼란으로 유순해진 숫양이 되기를 원하는 개인의 이익에도 기여한다.*

도덕은 이웃에 대한 두려움만큼이나 자기 자신에 대한 두려움 때문에 고무된다. 자신의 고유한 길을 찾지 않으려고 간편하게 도덕적, 사회적, 직업적 의무를 맹목적으로 수행하듯이 자신의 고유한 욕망을 대면하지 않기 위해 간편하게 도덕의 원리 뒤에 숨을 수 있다. 이처럼 모든 도덕 뒤에는 일정한 형태의 나태함이 도사리고 있다. 도덕은 집단의 전체 구성원과 개인에게 소중하고 상호 교환 가능한 목적과 가치, 이미 만들어진 행위의

* 『즐거운 학문』, III, 119.

도식을 제공한다. 또한 도덕은 자신의 고유한 목적에 대해 질문하는 노력을 회피하고 싶어 하는 사람들에게 이상이라는 도피처를 제공한다.

연민의 가면

연민은 자신의 고유한 비참함을 직면하지 않게 해주는 데 유용한 위희慰戱가 될 수 있다. 그런데도 연민은 다른 사람들이 필연적으로 똑같이 우리를 고통스럽게 하기 때문에 고통을 겪는다는 환상에 근거한다. 니체는 연민의 감정이 타인의 고통을 덜어주기는커녕 그 고통에 비슷한 고통을 첨가함으로써 배가시킨다고 주장한다. 고통받는 자에게 본보기가 되는 자신의 고유한 즐거움을 주는 것이 더 낫다. 여기에는 전염이라는 방법을 통해 즐거움이 전파되게 하려는 희망이 들어 있다. 함께 고통스러워하기보다는 함께 즐거워하기를 배우는 것이 더 필요하다. 사실상 우리는 진정 다른 사람을 고통스럽게 하는 것이 무엇인지 전혀 알지 못하며 고통에서 우연히 발견될 수 있는 이득이나 혜택 이상의 것이 무엇인지도 알지 못한다.

"우리가 가장 개인적인 방식으로 고통스러워하는 것은 거의 모든 다른 사람에게는 이해도 접근도 불가능하다. 그 점에 대해 우리는 우리와 한솥밥을 먹는다 해도 이웃에게 숨긴다. 그러나 우리가 고통을 겪고 있다고 인지되는 어디서나 우리의 고통은 피상적으로 해석된다. 타인의 고통에서 특수하게 개인적인 것을 제거하는 것, 바로 이것이 연민이라는 감정의 정수다. 우리를 위해 선행을 베푸는 자들은 우리의 적 이상으로 우리 가치와 의지를 위축시키는 자들이다."(『즐거운 학문』, Ⅳ, 338)

어린아이 같은 성향을 지닌 난입의 형태로 경험된 타인의 동정이 가장 성가신 것으로 여겨질 때 우리가 느끼는 비참함이 있다. 그런 비참한 순간은 누구든지 깨달을 수 있다. 여기에는 혼자서 자신의 고통과 싸우길 바라면서 타인으로부터 그 싸움을 박탈당하지 않으려는 오만함이 있다. 결과적으로 연민에는 경멸이 일부 들어 있다. 왜냐하면 연민에는 타인이 자신의 불행과 맞서 싸우기에는 너무 약하다고 여기는 감정이 내재하기 때문이다. 이타주의나 선행이 일반화된 사회의 시나리오보다 더 파국에 가까운 것은 없다. 우리 모두가 우리에게 이득이 된다고 믿는 것을 통해 저지르는 오류가 많아질수록 다른 사람들이 우리에게 부과하고자 하는 '선'을 더 옹호해야 할 것이다. 이러한 사회에서는 '사람들이 이웃이 다가오기만 해도 맹목적으로 도망치지 않겠는가?'(『여명』, Ⅱ, 143)

다른 사람들을 도우려면 자신을 도와야 한다

타인의 고통을 실제로 이해하기 위한 것이라면 연민은 완전히 달라질 것이다.

> "너는 또한 도와주고 싶을 것이다. 그러나 네가 그 비참함을 완벽하게 이해하는 사람들만을 말이야. 왜냐하면 그들은 너와 함께 하나의 유일한 고통과 하나의 유일한 희망을 공유할 것이기 때문이다. 그들은 네 친구들이다. 그리고 네가 너 자신을 돕는 방법으로만 도울 수 있다―나는 그들을 더 용기 있고 더 강건하고 더 단순하고 더 즐겁게 만들고 싶다. 나는 그들에게 현재까지 거의 아무도 이해하고 있지 않은 것, 연민을 설파하는 설교자들은 거의 알지 못한 것을 가르치고 싶다―함께 즐거워하기를!"(『즐거운 학문』, IV, 338)

우리는 타인을 그 고유성 안에서 이해하지 않고는 도울 수 없다. 타인은 우리의 방식으로 행복해야 하며, 그렇지 않다면 필연적으로 불행하다고 가정할 때 연민은 강박이 된다. 그러면 우리는 우리와 비슷한 사람들, 우리와 같은 고통을 겪는 사람들만 이해할 수 있을 것이다. 그 결과 우리는 자신을 돕듯이 그렇게만 다른 사람들을 도울 수 있게 되고, 스스로 도울 수 있는 방식은 자기 자신을 이해하는 것이다.

도덕은 이기주의의 중요한 적으로 나타난다. 도덕은 왜 자신의 고유한 이기심에 따라 행위하는 것을 금지하고 다른 사람들과 다르게 행위하는 것을 금지하는가? 그러나 니체는 모든 도덕에서 집단의 이익을 수호하기 위해 어떤 잔혹함 앞에서도 물러서지 않는 무엇과도 견줄 수 없는 이기주의를 본다. 이처럼 타인의 안녕을 위해 각자에게 자기 희생을 요구하는 이타주의도 이 타자의 끝없는 이기주의를 전제한다. 타자에게 우리의 관점에서 이타주의자가 되고 우리를 위해 자신의 안녕을 희생하라고 요구하는 것은 끔찍하게 이기적이지 않은가?

"이웃은 이기적이지 않음에 대해 찬사를 보낸다. 왜냐하면 그는 거기서 이득을 얻기 때문이다! 만일 이웃이 스스로 '이기적이지 않은' 방식에 대해 고려해본다면 그는 이 힘의 파괴, 그에게 이익이 되는 것의 손실이 자기 자신에게 발생하는 것을 거부할 것이다."(『즐거운 학문』, I, 21)

이기주의자는 참된 자아를 알지 못한다

이타주의는 칭송되는 한 특별히 위장되고 계산되고 정직하지 않은 이기주의의 한 형태일 따름이다. 왜냐하면 타인을 위해 행동하는 척할 때 정작 우리는 그 타인에 대해 아무것도 모르기 때문이다. 그러나 마찬가지로 우리는 우리 자신을 위해 행동하는 척할 때도 스스로에 대해 아무것도 모르고 있다. '이기주의자'가 되기 위해서는 먼저 자아, 우리를 집단과 구분해주는 개인적인 토대를 가져야 한다. 그렇지 않으면 우리가 '자아', '나'라고 부르는 것은 타인이 우리에게 부여한 사회적 이미지에 불과할 뿐이다.

> "대부분의 사람들은 자신의 '이기주의'에 관해서 말하고 생각할 수 있다면 삶이 지속하는 동안 어떤 일이 있더라도 자신의 자아를 위해서는 아무것도 하지 않고, 주위 사람들의 정신 속에 자신들이 만들어놓은 자아라는 환영을 위해서는 모든 것을 할 것이다."(『여명』, II, 105)

'이기주의자'가 된다는 것은 참으로 자신을 위해 행동하는 것이 아니다. 왜냐하면 '이기주의자'는 자신에게 잠복해 있는 것에 대한 최소한의 관념이 아니기 때문이다. 실제로 이기주의는 자기 자신과 자신의 욕망에 대해 잘못된 도식적인 이미지만을 갖는다. 이것은 집단이 나와 개인적 이익을 이해하는 방식에 부합한다. 예를 들어 사람들은 몇몇 검소한 사람에게 손해를 끼치면서 수백만을 탈취하는 중개인의 '이기주의'를 비난할 때 가장 공통되는 갈망—돈, 권력, 사회적 지위—으로 환원되는 특별히 빈곤하고 피상적이고 가장 기본적인 이기주의가 저변에 있다는 것을 망각하고 있다. 이러한 유형의 이기주의자는 여러 사회 계층에 대해 만족한다. 그뿐만 아니라 다른 모든 사람이 원하는 것을 원하면서 자신을 위해 원한다고 믿는다. 중개인의 이기주의에 대해 욕을 퍼붓는 대신 그에게 없는 자신과 자신의 현실적인 이익에 대한 배려, 자기 욕망의 정복에서 나타나는 상상력 부족에 대해 측은히 여기는 것이 더 나은 방법일지도 모르겠다.

보편적 도덕은 개인의 도덕이다

이타심만큼 이기심도 경계해야 한다면 도덕과 도덕에서 나오는 무심함의 호소를 근절하는 것이 자기 정복의 첫 번째 단계이다. 왜냐하면 도덕은 우리 자신을 집단의 한 조각으로 봄으로써 결과적으로 추상적 의미를 수행하라는 명령을 받은 자동기계로 축소시키고 만다. 여기에서 자동기계는 모두에게 가치가 있다는 바로 그 이유 때문에 개인에게는 아무런 이익이 되지 않는다. '덕을 갖춘' 인간, '선한' 인간은 아직 진정한 인간이 아니다. 그의 모든 '미덕'은 인간의 도식, 도덕이 허용하는 비개인적인 가치에 상응하도록 되어 있다. 그래서 우리는 추상적인 보편 의무를 수행할수록 우리를 고갈시키는 행위 속에서 우리 힘을 점점 더 허비하게 된다. 즐거움이 채워지지 못한 우리는 이루어진 일에 대해 만족하더라도 에너지를 충전하지 못한다. '보편적으로 가치 있는' 일들만을 기계적으로 수행한 나머지 우리는 우리 자신의 직관을 무시하거나 망각한다. '도덕주의자'는 퇴락한 사람, 자신의 본능과 내면의 힘을 상실한 사람이 된다.

더구나 도덕주의자는 자신이 '보편적 법칙'을 따르고 있다고 단언하면서 과도한 자만을 보여준다. 자신이 이 법칙에 복종하고 '공동선'을 위해 자신을 희생하는 것으로 보이게 만드는 동안 그는 자신이 모두에게 부여하고자 하는 공동선과 보편적 법칙에 대해 결정한다. 도덕주의자들은 자신의 거짓된 겸손 뒤에 자신의 취향, 선호, 공포, 혐오를, 그리고 모두에게 적용되는 규칙으로 변질시키길 원하는 사람들 고유의 전제주의적인 이기주의를 숨기고 있다.

"어떻게? 너는 네 안의 정언명법을 칭송하는가? 소위 네 도덕적 판단의 확고함을? 여기에서 모든 사람이 나처럼 판단해야 한다는 이 감정의 무조건적인 특성에 대해 찬미하는가? 차라리 그 안에 있는 너의 이기주의를 찬미하라! 네 이기주의의 맹목성, 비열함, 소심함을 찬미하라. 그 판단을 보편적인 법칙으로 느끼는 것은 결국 이기심, 맹목적이고 비열하고 소심한 이기심 때문이다. 이것은 네가 아직 진정한 네가 되지 못했고 너 자신의 고유한 이상을 창조하기 못했음을 드러내기 때문이다—다른 사람의 이상은 결코 네 고유한 이상이 될 수 없고 만인의 것은 더더욱 될 수 없다. '이 경우에 누구나 이렇게 행동하는 것'이라고 말하면서 계속 판단하는 사람은 자기에 대한 이해에서 아직 다섯 걸음도 진행하지 못하고 있는 것이다."(『즐거운 학문』, IV, 335)

우리의 의무는 특권이 되어야 한다

만일 우리가 미덕을 가지고 있다면 그 미덕은 필연적으로 개인적인 것이 되어야 하지 모두에게 속한 공통의 것은 아니다. 그러므로 모두가 동일한 특질과 동일한 힘을 가지고 동일하게 행동한다는 점에서 얻을 수 있는 이익은 전혀 없을 것이다. 만일 다른 누군가가 도덕이 나에게 수행하라고 말하는 것을 할 수 있다면 나 역시 그것을 해야 하는 이유는 무엇인가? 만인이 하나의 보편적 도덕법칙에 복종한다는 것은 결과적으로 개인의 이례적인 특질의 낭비와 무용하고 심지어는 유해한 행위의 과잉을 초래한다. 행위가 무용하고 해로워지는 것은 너무 많은 사람이 그 행위를 하기 때문이다. 만일 진정한 도덕적 의무가 있다면 그것은 오직 나 혼자만이—다른 사람도 그만이—해야 하고 할 수 있는 것을 절대적으로 하는 것이다. 나에게 절대적으로 독자적인 방식으로, 다른 사람들을 놀라게 하고 이해하지 못하게 하는 방식으로 행위하도록 요구하는 내적 필연성이 중요하다.

> "또한 오랫동안 사람들은 너를 칭찬하지만 그들은 네가 남의 길 위에 있고 아직 너의 길에 들어서지 않았다고 믿는다."(『인간적인 너무나 인간적인』, II, 340)

진정한 도덕은 관습에 따라 행동하는 것이 결코 아니다. 반대로 자신의 고유한 도덕적 의무를 다른 누구와도 공유할 용의가 없는 특권으로 여겨야 한다. 우리에게 의무를 지정해주는, 의심의 여지가 없는 타자에 대한 우리 욕망이야말로 우리가 현재 소유하면서 우리를 다른 모든 사람과 구별해주는 우리의 독특한 재능이다. 니체는 도덕적 미덕은 심지어 호사라고 말한다. 이것은 가장 근거 없고 가장 정예화된 정교한 이기주의의 모습이다.

결과적으로 우리의 특권은 우리가 높은 단계로 오르도록 강요하는 의무다. 우리에게는 우연히 갖게 된 고유한 잠재력을 충분히 실현해야 하는 의무가 있다. 우리는 열렬히 우리 자신의 의무를 수호해야 하고 이것을 다른 사람에게 부과하려 하지 말아야 한다.

" '나의 판단은 나의 판단이다. 타인은 여기서 그리 쉽게 권리를 가질 수 없다.' 미래의 어느 철학자는 이렇게 말할 것이다. 많은 사람과 일치하기를 원하는 이런 나쁜 취향에서 스스로 벗어나야 한다. '선'은 이웃의 입에 회자될 때 더 이상 선이 아니다. 어떻게 '공동선'이 존재할 수 있는가? 이 말은 자체 모순을 범하고 있다. 공동의 것이 될 수 있는 것은 거의 아무 가치도 갖지 않을 것이기 때문이다."(『선악을 넘어서』, II, 43)

누구나 자신의 인격과 감수성에 부합되는 의무를 선택할 것이다. 깊이 있는 인격을 지닌 자들은 '심연', 현기증을 일으키는 신비스러운 경험을 추구한다. 감수성이 풍부한 인격은 '부드러움', '전율'을 추구한다. 비범한 사람들은 비범한 일에 흥미를 갖는다. 위대한 일은 위대함을 갖춘 인격을 위해 예비되어 있다.

이기주의와 이타주의를 극복하라

우리의 독특성에 대한 심려는 순수하고 단순한 이기주의와 혼동되지 않는다. 자기의 중심만을 바라보고 자신만의 이익을 목적으로 하는 것은 필요하지 않다. 만일 니체가 이웃의 사랑을 거부한다면 그것은 그 사랑이 여전히 자기애와 너무 근접해 있기 때문이다. 성서가 우리에게 '네 이웃을 네 몸같이 사랑하라'고 말할 때 우리와 닮지 않은 사람은 사랑할 수 없는 사랑이 가진 편협한 자기중심주의를 왜곡하고 있다. 이웃에 대한 사랑은 '자기 자신에 대한 나쁜 사랑'에 불과하다. 차라투스트라는 이 사랑을 멀리 있는 존재에 대한 사랑으로 대체하라고 권유하면서 다음과 같이 말했다. 우리의 사랑이 주어져야 할 곳은 미래이다. 타자의 안녕으로서 우리의 안녕은 이 미래의 도래를 방해할 것이다. 우리는 이제 이타주의와 마찬가지로 이기주의도 거부해야 한다. 또한 타자에 대해서뿐 아니라 우리 자신에 대해서도 거의 고려하지 않아야 하며 우리를 넘어서는 것만을 겨냥해야 한다.

"진실로 개인의 진리는 없고 단지 개인의 오류만 넘쳐난다—개인 자체가 오류다. (……) 우리는 나무의 눈이다. 나무의 이익이라는 면에서 우리가 무엇이 될지 어떻게 알겠는가? 우리는 우리가 모든 것이 되길 원하고 되어야 하기라도 할 것 같은 의식, 나와 나 아닌 모든 것에 대한 환상을 가지고 있다. 자신을 더 이상 그러한 가공의 자아로 여기지 말아야 한다. 이런 자칭 개인을 거부하는 법을 하나하나 배워야 한다. 자아의 오류를 발견할 것. 이기주의가 오류임을 인식하라. 이타주의에서 그 반대를 보려 하지 말라. 이타주의가 자칭 개인이라는 타자에 대한 사랑이라는 듯이 이해하지 말라. 아니다, 나와 너를 넘어서라. 우주의 방식으로 느껴라!"(『유고(1881)』, 11[7])

우리가 이해하는 대로 바라보는 개인, 세계에 갇힌 자율적인 '나'는 환상이다. 거기서 두 가지 결과가 발생한다. 우리는 확실히 이 협소한 개인의 개념을 초월해야 한다. 우리를 과거에서 미래로 가는 일직선, 연쇄 장치의 한 고리로 인식해야 한다. 그러나 우리는 무엇보다도 결코 주어진 현실이 아닌 이 개체성을 창조해야 한다. 충동을 만들어내고 우리가 지닌 힘과 약함을 엮어서 인격을 조각하고 마침내 우리 자신이 되어야 한다.

짚고 넘어가기

1 당신은 인간 '집단'과 어떤 관계를 맺고 있는가? 어디서
   가장 좋은 느낌을 갖는가? 그 집단 안에서? (목자처럼) 그
   집단 옆에서? 집단 뒤에서? 니체가 자신의 인격을 조각
   할 수 있기 위해서『우상의 황혼』에서 제안한 것이 본질적
   '의식의 한 경우'다. 집단과 맺은 관계에 의해서 당신을
   자리매김해보라.

2 당신이 '집단의 한 기능에 불과하다'는 것을 확신하는가?
   당신은 당신 자신의 길을 찾고 스스로 확실히 책임지기보
   다는 오히려 기계의 톱니바퀴에 불과한 존재가 되길 좋아
   하는가? 맹목적으로 다른 사람들을 따라 미리 결정된 일
   을 수행하길 더 좋아하는가? 기능에 불과하기를 원하는
   데에는 아무 잘못이 없다. 그러나 당신이 원하는 것이 무
   엇인지 그리고 왜 좋아하는지를 알아보라. 두려움 때문인
   가? 안락함 때문인가? 아니면 당신 자신을 유용하다고 느
   낄 필요성 때문인가?

3 왜 당신은 다른 사람을 도와야 할 필요성을 느끼는가? 그들이 가진 문제에 대해 실제로 염려해서인가? 당신이 그들을 효과적으로 도울 수 있다는 확실함을 얻고 싶어서인가? 당신은 다른 사람의 고통을 당신의 고통에 직면하지 않으려는 차단막으로, 즉 당신의 문제에 직면하지 않게 해주는 방법으로 이용하는가? 당신이 돕는다고 주장하는 사람들에게 영향력을 갖기 위해서 스스로가 박애적인 인간임을 보여주려고 하는가?

4 다른 사람에 대해 이기적이라고 비난한 적이 있는가? 당신은 당신의 동료, 부모, 아이들, 형제자매에게 그렇게 한 적이 있는가? 왜 당신이 다른 사람의 이기심을 참지 못하는지 자신에게 물어보라. 다른 사람에게 당신의 관점에서 이타적으로 행동하기를 요구하는 것은 당신의 고유한 이기심 때문이 아닌가? 당신은 이런 소극적 이기심에 대해 더 자랑스러워하는가? 소극적 이기심은 자기의 고유한

이익을 위해 스스로 행동하지 않고 다른 사람이 당신 대신 행동해주기를 기다리는 이기심이다.

5   당신은 자신이 다른 사람들을 판단할 때 동원하는 도덕 원칙을 옹호하는가? 당신은 왜 비록 말로써만 그렇게 할지라도 당신의 확신을 다른 사람에게 강요하고 싶어하는가? 왜 당신은 이 원칙 뒤에 숨어야 할 필요성을 느끼는가? 만일 당신이 이 원칙을 포기한다면 무슨 일이 일어날 것 같은가? 당신은 여전히 자신에게 몰두한 채 방향을 잃고 당신을 위협하는 내면의 힘에 직면해 있다고 느낄 것 같은가?

6   당신은 인간 존재의 도식에 부합하고 싶은가? 선, 정의, 관대함, 관용 등 무엇이든 도덕에 관련된 가치가 현실화된 모습에 상응하고 싶은가? 당신이 이 도식에 일치할 때에만 개인으로서 가치를 갖는다고 생각하는가? 아니면

스스로 이런 추상적 개념과 무관한 가치를 발견할 수 있겠는가?

7 다른 사람이 당신의 선택과 행동을 인정해줄 필요성을 느끼는가? 다른 사람의 칭찬을 받고 싶은가? 이 칭찬이 당신의 결정에 영향을 미치는가? 왜 니체가 다른 사람이 당신을 칭찬하는 동안에는 당신의 길을 발견하지 못한다고 말했는지 이해하는가? 당신의 마음을 진정 사로잡고 있지만 어떤 칭찬도 받지 못하는 것은 무엇인가? 아마 거기에 비밀스러운 당신의 길이 있을 수 있으니 이것을 충분히 탐색하라.

8 당신 자신만이 할 수 있다고 느끼는 일이 있는가? 당신에게만 의미 있고 다른 누구에게도 의미 없는 일이 있는가? 그러면 이것이 당신의 참된 의무일 것이다. 당신은 무엇이든지 해야 할 일이 아니라 다른 누구도 아니고 당신만

이 성공할 수 있는 것을 해야 한다. 이것은 필연적으로 이 상한 일이 아니라 필연적으로 고유하고 적절한 일이다.

III
적용하기

**자기
자신이
되어라**

긍정의 길을 되찾아라

이상의 추락, 가치 상실, '신의 죽음'은 새로운 가치를 고안하기에 좋은 전대미문의 기회를 만들어낼 수 있다. 모험에 뛰어들기와 위험하게 살기라는 가치 창출의 원천을 제공하기 때문이다. 허무주의라는 위기는 능동적인 존재가 되기 위한 기회와 의미결핍의 고통을 다양한 의미로 향유할 수 있는 기회를 제공한다. 그뿐만 아니라 우리는 허무주의의 위기를 통해서 의미 상실을 다른 표현으로 변형시킬 기회를 얻는다. 그리고 우리는 이 변형을 통해서 우리의 고유한 건강을 강화시킬 수 있다.

"결국 '자유로운 정신'을 가진 우리 철학자들은 '낡은 신'이 죽었다는 소식에 새로운 여명의 빛에 감싸이는 듯한 느낌을 받는다. 우리 가슴은 감사, 놀라움, 예감, 기대로 넘치고 있다. 마침내 우리에게 비록 밝지는 않더라도 수평선이 다시 열렸다. 우리가 탄 배는 새롭게 바다로, 모든 위험을 향해 출항하게 되었다. 인간을 위험하게 만드는 인식의 모험 일체가 새롭게 허용되었다. 바다, 우리의 바다는 우리에게 다시 그 거대함을 보여준다. 아마도 그런 거대한 바다는 다시는 열리지 않을 것이다."
(『즐거운 학문』, V, 343)

도덕과 종교는 우리에게 존재하지 않는 관념 또는 삶과 반대되는 관념을 긍정하라고 가르친다.

"이교도가 되는 것은 자연스러운 것을 긍정하는 것, 자연스러운 것 안에서 죄가 없음을 느끼는 것, 자연의 존재가 되는 것이다. 기독교도가 되는 것은 자연스러운 것을 부정하는 것, 자연을 거스르는 존재가 되는 것이다."(『유고(1887)』, 10[193])

독자적 인격을 개발할 수 있기 전에—도덕은 인격을 추상적 이미지에 대립시킴으로써 '고결한 인간'을 부정하고 위태롭게 한다—우리는 일반적으로 예라고 말하고 우리 자신의 삶과 세계를 긍정하는 법을 배워야 한다.

삶을 긍정하는 것이 불행을 받아들이는 것인가?

존재가 겪는 실제 공포—학살, 비참함, 발병, 여러 가지 잔혹한 일, 도착된 인간성—에 직면해 우리는 삶을 찬미하기보다는 오히려 거의 강박적인 무의식을 증명하고 있지 않은가? 우리는 아우슈비츠, 스레브레니차, 니야루뷔에서도 여전히 삶이 함축하는 모든 것을 가지고 삶을 찬미할 수 있는가? 이 질문은 문제를 뒤집어엎는다. 우리가 무엇보다도 삶 자체를 긍정함으로써 삶의 드라마를 탄핵하기 때문이다. 탄핵은 이렇게 가장 중요한 긍정의 결과로서 온다. 실존에 내재하는 고통 때문에 실존을 탄핵하는 허무주의자는 이러한 이유에서 논리의 오류를 범하고 있다. 우리가 삶의 일정 양상을 거부하게 되는 것은 그 무엇보다도 삶을 사랑하기 때문이다.

그러므로 니체에게 진정한 불경은 허무주의자가 저지르는 삶 일반에 대한 탄핵이다. 종교와 형이상학의 망상을 고발할 때 니체는 신성한 것을 희화시키는 것과는 거리가 멀다. 반대로 그는 삶이 가진 신성한 특성을 강조하며 도덕과 종교가 그것을 부정하고 싶어 할 정도로 매우 불경하다는 것을 보여준다.

일부를 사랑하는 것은 전부를 사랑하는 것이다

삶에 대해 일반적인 판단을 내리는 것은 결론적으로 성립되지 않는다. 우리를 성숙하게 만드는 특정 순간—실제로는 매우 드물다—을 고수하기만 해도 충분히 실존에 대해 우리가 가진 가장 비판적인 판단을 수정하게 될 것이다.

"첫 번째 질문은 결코 우리가 우리 자신에 만족하는지 묻는 것이 아니다. 우리가 어떤 사물에 만족하는지 묻는 것은 더더욱 아니다. 어느 한 순간에 예라고 말한다고 가정해보자. 그러면 우리는 그 가정에 의해 우리 자신뿐만 아니라 모든 존재에게 예라고 말한다. 왜냐하면 우리 자신 안에서도 사물 안에서도 아무것도 독립적이지 않기 때문이다. 그리고 단 한 번에 우리의 정신이 악기의 현처럼 행복으로 전율하고 울린다면 이 유일한 사건을 결정하기 위해 모든 영원성이 필요할 것이다—그리고 이 모든 영원성은 우리가 예라고 말하는 순간에 의해 축복받고 해방되고 정당화되고 긍정될 것이다."(『유고(1887)』, 7[38])

때때로 불행하고 절망을 느낄지라도 우리는 모두 삶이 삶 자체에 의해 스스로 타당해 보인 날, 은총의 한순간에 모든 종류의 고통에서 구원된 것 같은 날을 알고 있다. 혹은 이 행복의 순간이 덧없고 고립된 것일지라도 이 행복은 명백히 그와 상반되는 고통이나 때로는 불행을 거쳐온 것임에 틀림없다. 덜 유쾌한 것을 제거하기 위해 행복의 시기를 고립시키고 삶에서 그 시기를 추출해내는 것은 정신의 작용, 바로 추상화다. 짧은 생애 동안 삶이 고통스럽기는 해도 살 만한 것으로 보인다면, 더욱 고통스러운 다른 모든 순간도 역시 겪을 만한 가치가 있는 고통의 순간이다. 왜냐하면 그런 순간은 더욱 드문 행복의 시간으로 이끄는 원인, 조건, 단순히 말해 바로 거기에 이르는 길이 되기 때문이다.

그러므로 우리는 삶의 어떤 양상만 좋아한다는 핑계를 대고 우리가 믿는 대로 삶의 대부분을 거부할 수 없다. 예를 들어 사랑만을 찬미하면서 고독을 거부할 수는 없다. 고독은 사랑의 필수조건인 동시에 종종 사랑이 낳는 불가피한 결과이기 때문이다. 사랑을 원한다는 것은 고독을 똑같이 원한다는 것을 의미한다. 마찬가지로 우리는 고통 없는 쾌락만을 혹은 불행 없는 행복만을 원할 수 없다.

운명을 사랑하는 것은 운명을 미화하는 것이다

삶의 사건이 뒤얽혀 있음을 이해하게 되면 우리는 삶의 일부에 대해 긍정하는 한, 삶 전체를 긍정할 의무가 있다. 모든 것이 연결되어 있다면 우연은 존재하지 않고 각각의 존재와 각각의 사건은 필연적으로 도래한다. 왜냐하면 이 존재와 사건은 모든 다른 존재와 사건에 의해 결정되기 때문이다. 그러면 우리는 운명이나 숙명을 말하게 된다. 이제 니체가 왜 운명과 숙명에 대한 사랑인 '아모르 파티amor fati'를 강조했는지 알 수 있다.

"오늘날 각자는 자신의 신념과 생각에 대해 권위 있게 말한다. 말하자면 나도 그렇다. 오늘 나 자신에게 가장 말하고 싶은 것, 올해 나에게 처음으로 떠오른 생각, 앞으로 내 삶의 근거와 보증이 되고 내 삶을 감미롭게 해줄 생각을 말하고 싶다. 나는 앞으로 사물에서 필연성을 아름다움으로 보는 법을 더 배우고 싶다. 나는 이런 식으로 사물을 아름답게 하는 사람 중 한 명이 되고 싶다. 운명애運命愛! 앞으로 내 사랑이 될 것이다. 나는 추한 것과 전쟁을 벌이고 싶지 않다. 나는 비난하지 않겠다. 심지어는 나를 비난하는 사람도 비난하지 않겠다. 시선을 돌리는 것이 내가 유일하게 부정하는 것이 될 것이다. 궁극적으로는 나는 긍정하는 사람 그 이상은 되지 않을 것이다."(『즐거운 학문』, IV, 276)

니체는 존재의 모든 양상에 대해 예라고 말하는 것이 쉽다고 주장하지는 않는다. 이런 이유로 긍정하려는 그의 욕구는 새해에 세우는 결심의 형태로 표현된다. 생동적인 긍정의 원칙은 그의 눈에 원한, 양심의 가책, 허무주의에 대한 치유책이 된다. 마찬가지로 증오와 부정은 추하게 만들고 사랑과 긍정은 아름답게 만든다. 마찬가지로 우리는 추하고 기괴한 것을 더 추하게 만들지 않기 위해 부정하는 대신에 그것을 본질적인 존재 양상으로 받아들이고 사랑함으로써 아름답게 만들어야 한다.

비난하는 대신에 거리를 두어라

우리를 가장 무겁게 짓누르는 것조차 얼굴을 찌푸리지 않고 참아내야 하는가? 아니다. 참을 수 없는 것에 대해 부정하는 것보다 더 효과적인 전략이 있다. 바로 거리 두기. 우리가 참아내지 못하는 것과 씨름하고 그것을 순순히 따르는 것으로 만드느라 기진맥진해지는 대신에 단순히 우리는 그것으로부터 시선을 돌리는 방법을 선택할 수 있다. 원한과 증오의 원인이 될 만한 것과 거리 두기, 교묘한 검열, 공격을 살짝 피하는 기술, 이것이 거리 두기의 윤리, 기품 있는 귀족 윤리의 토대다. 악의 결핍을 자신의 덕을 과시하는 깃발처럼 휘두름으로써 자신에게 상처를 주는 것이 필요한 노예와는 반대로 귀족은 자신이 악으로 판단하는 것을 비방하거나 공격하는 어떤 방식도 채택하지 않는다. 귀족은 그저 그 악으로부터 자신을 지키거나 거리를 두면서 악을 무시하는 쪽을 선호한다.

오늘날 어떤 사람들은 어리석은 시청률 조사나 소비 사회에 대해 불평하느라 시간을 보낸다. 몇몇 사람은 현란한 볼거리가 넘쳐나는 사회에 반대해 격론을 벌이거나 대대적인 탈문화화를 개탄하거나 지하철의 광고 벽보를 떼내는 데 그들의 삶을 바친다. 결국 사람들은 이처럼 자신들이 증오하는 것에 몰두하면서 자신의 가치를 자신이 혐오하는 것의 수준으로 떨어뜨린다. 텔레비전이 점점 바보상자가 되는 것에 대해 불평하는 사람은 TV 화면에 사로잡혀 있고 '광고 비판자'는 아침부터 저녁까지 슬로건을 읽어대고 있다. 기품 있는 귀족의 태도는 텔레비전을 보지 않는 것만이 아니다. 아예 그것에 관해 말하지 않는 것, 광고 문안보다는 오히려 시를 읽는 것이다.

금지하지 말고 다른 것을 허용하라

우리가 수용할 수 없는 것을 행동으로 옮길 수 있는 수단을 가졌을지라도 개입하지 않고 그 앞에서 눈을 감는 편이 낫다는 것은 당연하다. 그러나 우리는 왜 아무런 효과도 얻지 못하게 반복해서 반감을 나타냄으로써 자신을 불쾌하게 만드는가? 왜 끝도 없는 헛된 싸움으로 우리를 지치게 만드는가? 우리를 자극하는 것으로 흥분하면서 음흉한 즐거움을 찾는가? 우리를 불쾌하게 만드는 것을 부정하느라고 꾸물거리는 것보다는 우리를 기쁘게 해주는 것을 추구하고 찬미하는 편이 더 낫다. 결과적으로 부정하는 가장 좋은 방법은 다른 것을 긍정하는 것이다.

"행동함으로써 하지 않는다. '이것 하지 말라', '단념하라', '자신을 극복하라' 이렇게 말하는 모든 도덕은 내게 근본적으로 반감을 불러일으킨다. 반대로 어떤 일을 하도록 나를 자극하는 도덕, 그것을 되풀이해서 하게 만드는 도덕, 아침에는 그것을 행하고 저녁에는 그것에 대해 꿈꾸게 하는 도덕, 그것을 잘하는 것 말고는 다른 것은 생각하지 않게 만드는 도덕, 또한 오직 나만이 그것을 할 수 있다고 생각하게 만드는 도덕에 끌린다. (……) '우리가 행하는 것이 우리가 하지 않는 것을 결정한다.' 이것이 내가 좋아하는 것, 나의 원칙이다. 그러나 나는 나의 퇴락을 향해 두 눈을 뜨지는 않겠다. 나의 모든 부정적인 덕, 그 본질이 부정과 단념인 덕에 대해 아무런 호감도 갖지 않는다."
(『즐거운 학문』, IV, 304)

긍정의 도덕에서 부정(거절, 거부)은 결코 출발점이 아니라 단지 결과일 따름이다. 원한의 도덕에서 부정의 결과는 긍정이다. 증오는 우리에게 혐오의 대상과 반대되는 것을 사랑하라고 명령한다. 그런데도 순수한 부정은 항상 무능하다. 여기서 사회 질서에 대한 비판으로 아무것도 바뀔 수 없는 이유가 발견된다.

역으로 가장 먼저 오는 것은 바로 사랑이기 때문에 니체가 권하는 도덕에서 우리는 있는 그대로의 그 무엇도 증오하지 않는다. 단지 어떤 사물에 관심을 두지 않을 뿐이다. 왜냐하면 우리는 그것들보다 다른 것을 더 선호하기 때문이다. 이 일에서 무관심에 의한 부정은 강한 긍정에서 나온다. 강한 긍정이야말로 실제로 사물을 변화시킬 수 있다.

니체는 이렇게 습관, 악, 중독과 싸우기 위한 진정한 전략을 제공한다. 어떤 일을 중단하려고 하지 않아야 한다. 대신에 더 강한, 그래서 중독성이 더 강한 다른 일을 해야 한다. 담배를 끊으려고 하지 말고 더 빨리 달리거나 호흡을 더 잘할 수 있기를 원해야 한다. 더 적게 먹기를 바라서는 안 된다. 대신에 자신을 더 가볍다고 느끼거나 더 잘 정제되고 더 세심한 먹거리를 원하도록 해야 한다. 중독은 더 강한 중독, 우리가 '아침부터 저녁까지', 밤에는 꿈속에서 수행하고자 하는 활동에 의해서만 대체될 수 있다.

창의적인 긍정에는 일부분의 파괴가 들어 있다

삶을 긍정한다는 것이 모든 것을 수용하고 모든 것을 견디는 것을 의미하는 것은 아니다. 이러한 긍정은 선호의 질서와 선택과 배제의 원칙을 함축한다. 성공한 인간은 본능적인 거름망, 자신에게 유익한 것을 통과시키는 방어적 여과기를 구성한다. 우리를 해치는 것을 밀어내는 이러한 자동 보존의 본능은 습관적으로 취향이라고 불린다. 그러므로 우리 삶에는 부정이 자리를 차지하고 있지만 이 자리는 지배적인 긍정에 의해 결정된다. 그러므로 부정의 능력이 없음은 긍정의 능력이 없는 것만큼이나 불안정한 병리 현상이다. 아무런 분별이나 선호의 차별 없이 모든 것을 수용함은 사실상 자기 자신, 자신의 감수성과 우선순위, 욕망을 부정하는 것이다. 니체는 『차라투스트라는 이렇게 말했다』에서 당나귀의 모습을 통해 이 모든 것에 대한 승낙 속에서 자기 자신을 단념하는 것에 대해 기술한다. 이 당나귀는 아니오의 단호함과 예의 힘을 결합할 줄 모르고 모두에게 예라고 하면서 운다. 이렇게 자신이 받아들인 무거운 짐을 싣고 다니면서 이 현실의 숭배자, 당나귀는 그의 등 위에 놓인 현실의 짐에 의해 지치고 파괴되어간다. 세상에 대고 예라고 말하는 것으로 충분하지 않기 때문에 또한 자기 자신에게 예라고 말해야 하고, 그럼으로써 세상의 일부, 즉 자기 자신이 되기를 방해하는 자에게 아니오라고 말해야 한다. 진정한 행위는 항상 함께 가는 부정을 가정한다. 창조는 미리 예정된 파괴에 의존한다. 새롭게 태어나기 위해서는 무엇보다도 낡은 것을 변형하고 재해석하는 것이 요구되기 때문이다.

"우리가 부정할 수 있는 것은 창조자로서만 가능한 일이다."
(『즐거운 학문』, II, 58)

파괴 없이는 창조할 수 없다는 것을 보여줌으로써 니체는 부정과 마찬가지로 수동성도 비난하지 않는다. 현실의 제약에 복종하는 것에 만족하는 수동적 긍정은 자신의 불행을 되새기고 상상의 복수로 자신을 가두는 수동적 부정보다 더 나을 것이 없다. 역으로 삶의 조건에 대해 의문을 제기하는 능동적 부정은 모든 긍정적 행위에 본질적인 구성물이다. 니체는 삶에 아니오라는 판결을 내리지만 삶은 자기 몫의 부정을 수행한다. 삶을 부정하는 자에게 스스로 아니오라고 말하기를 거부하는 것은 그러므로 나의 삶에 아니오라고 말하는 것으로 되돌아온다.

어떻게 '아니오'가 '예'를 숨겨둘 수 있는가
근본적 부정의 시기, 의문이 일반화된 시기, 파괴의 시기는 아마도 자기에 대한 진정한 긍정을 시작하기 위해 반드시 필요할 것이다. 이것이 허무주의가 긍정의 문화가 도래하는 과정에서 반드시 필요한 단계가 되는 이유다. 삶에 예라고 말하려면 아니오라고 말하는 모두에게 아니오라고 말해야 한다. 『차라투스트라는 이렇게 말했다』는 은유를 통해 이 과정을 구체적으로 보여준다. 만일 자신의 등에 세계와 도덕의 짐을 지고 있는 낙타라면 인간은 순수한 아이, 유희를 즐기는 이, 창조가가 되기 전에 우선 사자가 되어야 한다. 사자의 공격성은 어린아이의 창의적 자유를 만들어내는 데 반드시 필요하다. 창조하면서 긍정할 수 있기 전에 우리는 우리를 구속하고 있는 낡은 가치를 파괴함으로써 자유를 증명할 필요가 있다. 이러한 방식으로 폭력성, 공격성, 이기주의가 어린아이 같은 형태의 무구함, 삶을 수용하는 방식임을 이해하게 된다.

그러므로 삶의 거부, 거절, 혐오에 대해 깊이 관심을 기울여야 한다. 이것들은 이상 상태나 일반적인 무관심의 징후이기는커녕, 자기 저항을 통해 자신을 찾고 있는 삶의 예고 신호가 될 수 있다. 수치스럽고 비열한 부정을 숨기고 있는 긍정이 있다. 그러나 아직 알려지지 않은 긍정의 답을 미리 그려 보이는 부정도 있다.

"우리 안에 살고 싶고 자신을 긍정하고 싶어 하는 무언가가 있기 때문에 우리는 부정하고 부정해야 한다. 이 무언가는 아마도 아직 우리가 알지 못하는 무엇, 아직 보지 못하는 무엇이리라!"(『즐거운 학문』, IV, 307)

우리는 내면에 있는 무지와 불확실성을 수용하고 이해해야 한다. 우리 안에 잠자고 있는 힘을 항상 곧바로 이해할 수 있는 것은 아니다. 배태되고 있는 긍정 안에서 진화하는 부정을 볼 수 있는 인내심을 가져야 하고, 거부를 새로운 긍정의 가능성과 의심스러운 삶의 관점이 확고해지는 부식토로 볼 수 있어야 한다.

짚고 넘어가기

1   당신이 의기소침해지거나 지루함을 느꼈을 때 삶이 진정
    살아가면서 고통을 겪을 만한 가치가 있다고 느낀 순간을
    생각해보라. 이 기억이 현재 순간에 대한 당신의 평가를
    바꾸었는가? 단 한 번이라도 삶을 긍정했던 일이 당신에
    게 삶 전체를 긍정하고, 그에 따라서 삶에서 가장 권태롭
    거나 고통스러운 순간도 긍정해야 한다는 의무감을 갖게
    하는가?

2   당신은 어떤 일에 대해 아니오라고 말하고 거절하고 비판
    한다는 사실이 불쾌하고 문제를 제기하는 그 일의 양상에
    당신이 내린 판단의 추함과 신랄함을 덧붙인다고 주장할
    수 있는가? 그러면 당신은 당신을 혼란스럽게 하고 공격
    하게 만들고 슬프게 하는 일에서 각각 주목할 만한 것, 교
    훈이 되는 것, 필연적인 것을 보려고 했는가? 각각의 경우
    에 대해 음울한 현실을 숭고한 작품으로 변형시킬 줄 아
    는 예술가처럼 생각해보라.

3   당신은 마음을 흐트러뜨리는 현실의 양상에 초점을 맞추는 경향이 있는가? 가장 최근에 어떤 사람이나 사물이 당신을 화나도록 자극했던 경우, 당신은 오히려 그것을 무시하고 그것과 거리를 두는 대신에 당신에게 열정을 불러일으키는 주제에 집중할 수 있었을까? 그렇게 하는 것을 삶의 원칙으로 삼으려고 해보라. 우리 기분을 상하게 하는 것 때문에 계속 자극받기보다는 항상 그것과 거리를 두려고 애써보라.

4   당신이 벗어나고 싶은 나쁜 습관이 있는가? 그것을 중단하거나 당신에게서 없애려고 애쓰지 말고 오히려 다른 것을 시작해서 스스로 온전히 거기에 몰두해보라. 그러면 당신은 중단하려고 한 원래 행위에 몰두하고자 하는 욕망이나 거기에 쓰는 시간이 더 줄어들 것이다.

5   당신은 파괴적 성향이나 나아가 자기파괴적 성향을 가지

게 되었는가? 때때로 당신은 원래 의미에서건 상징적 의미에서건 모든 것을 부숴버리고 싶은 충동을 느끼는가? 당신은 이러한 파괴적 접근 방식을 자신에게 금지하는가? 그리고 이러한 접근 방식에 대해서 수치심을 느끼는가? 아니면 파괴를 창조의 예비 조건이나 완성으로 여기는가? 당신은 항상 자신에게 파괴하면서 창조할 수 있기를 요구하는가? 어떤 것을 부숴버리고 싶어 할 때 당신은 항상 건설하는 동시에 파괴를 창조로 바꾸려고 시도하는가?

6 욕망만큼이나 거부도 당신의 근본적인 동기로 작용하는가? 당신은 이러한 거부 뒤에 숨어 있는 적극적 긍정을 감지할 수 있는가? 아니오를 당신이 미처 알지 못하는 잠재적 예의 방향을 가리키는 화살표로 생각해보라.

강해지려면 속도를 늦춰라

니체는 대부분의 사람들이 자신의 삶을 긍정하지 못하는 것은 그들의 약함 때문이라고 주장한다. 충동적 힘과 방어력이 부족해지는 것, 실존의 무게를 더 이상 감당하지 못하는 것은 그들의 유기적 신체가 지치고 정신과 신체의 여러 요소가 너무 허약해졌기 때문이다. 그러면 그들은 문제가 되는 존재의 양상에 직면할 수 없고, 따라서 그 문제에서 오는 힘든 타격을 견딜 수 없게 되며 그저 삶을 통째로 거부하고 비난하고 탄핵할 수 있을 따름이다. 부정은 항상 현실을 재해석하고 바꿀 능력이 없음을 보여주는 지표다.

"비옥한 토지—사람들이 회피하고 부정하는 모든 것을 통해 보여주는 것은 불모성이다. 근본적으로 단지 우리가 비옥한 토지에서 나왔다면 우리는 아무것도 사용되지 않은 채 소실되지 않도록 해야 한다. 그리고 모든 사물, 사건, 사람에게서 비료, 비, 햇빛이 환영받도록 해야 한다."(『인간적인 너무나 인간적인』, II, 1, 332)

존재가 겪는 모든 낙담과 고통, 비극은 우리 힘의 축, 모든 생동적 창의성의 축이 되어야 할 것이다. 각자는 우리 힘의 의지를 북돋아서 새로운 방식으로, 더 활기차게 긍정할 수 있어야 한다. 가장 척박한 토양에서 가장 좋은 포도주가 생산된다는 것은 널리 알려진 사실이다. 토양이 척박하니 포도는 영양분을 찾아서 가장 멀리까지 뿌리를 뻗고, 쓸모없는 잔가지 없이 자라며 농축되어 맛이 더 강한 열매를 맺게 되기 때문이다. 마찬가지로 갖가지 삶의 저항과 역경, 척박함은 우리를 더 강하게 만들 것이다.

어두운 생각을 불러일으키는 것은 바로 약함이다
우리는 어두운 생각을 해서 무감각하고 지치고 진저리치는 것이 아니다. 우리가 이 어두운 생각으로부터 도망칠 필요가 있는 것은 생동적 창의력이 약해졌기 때문이다. 종교나 광신에서 비롯되는 위험한 착란, 또한 모든 위험요소—폭력, 약물, 열광적이고 망상적인 집착—의 과도함은 이 약함에 의해 설명된다. 조성적 특성을 가지는 이 약함은 힘이 고갈된 자신을 다시 일으켜서 지배하는 것을 방해하라고 밀어붙이고 자기가 살아 있음을 느끼기 위해 항상 더 강한 자극을 추구하라고 강요한다.

"우선 나는 범죄, 금욕, 질병이 이러한 고갈의 결과라고 가르치고 싶다."(『유고(1888)』, 15[13])

니체는 종종 '퇴락', 심지어 '타락'이라고 부른 '약함'을 논할 때 거의 참을 수 없을 정도의 단호함을 보여준다. 기독교에 의거한 동정과 연민을 반대한 사람으로서 니체는 삶을 '고양시키기' 위해 '쇠퇴하는' 삶의 모든 형태에 대해서 잔혹함과 완강함을 가질 것을 권하는 듯하다. 가장 큰 파문을 일으킨 니체의 다음과 같은 주장에서 우생학에 기반을 둔 어조조차 감지할 수 있다.

"허약한 자들과 패배자들은 사라져야 한다. 이것이 우리가 지닌 인류애의 첫 번째 원칙이다. 심지어 그렇게 되도록 그들을 도와주기도 해야 한다."(『반그리스도』, 2)

우리는 이 텍스트를 읽으면서 소스라치게 놀랄 수 있다(이것은 확실히 연구된 결과다). 우리가 허약하고 살면서 한계에 도달했다고 느낀다면, 삶을 긍정할 힘이 없다면 사라지는 것 말고 무슨 대안이 있겠는가? 이것은 허무주의에 의거한 우리 관념을 더 생기를 주는 다른 관념으로 조정할 수 없음을 의미한다. 왜냐하면 우리가 거기서 비난하는 것은 우리의 구성요소인 허약함이기 때문이다. 그러므로 모든 철학적 개선은 만일 약자와 패배자를 옆으로 밀쳐내는 우생학적 선택이 수반되지 않는다면 기능을 할 수 없을 것이다. 이러한 그의 생각 때문에 우리는 니체에서 나치즘의 전조를 보게 된다.

깨어나려면 스스로 두려움을 갖게 하라

우리의 생각과 가치를 고치는 대신에 우리는 '소멸하는' 것에, 그리고 허약함에서 발현되는 자기 파괴의 본능으로 치닫는 것에 만족해야 하는가? 니체의 목적 중 하나는 허무주의에서 비롯되는 불가피한 결과, 우리가 이론상으로 삶을 거부하는 것에서 비롯되는 불가피한 결과가 허무주의를 부정하는 효과적인 방식에 불과함을 보여주는 것이다. 니체는 우리를 다시 행동하게 하려고 이렇게 우리에게 항상 경계 태세를 취하라고 권고한다. 정합성을 위해 우리는 허무주의를 심지어 무화로 밀고 가야 하거나 아니면 더 강해지고 삶의 의욕을 되찾으려고 애쓰면서 허무주의를 포기해야 한다. 약자는 소멸해야 한다고 말하는 것은 우리를 선택의 기로에 놓는 것이다. 이것은 우리에게 약함의 일부를 취하는 것이 죽음을 택하게 된다는 것을 보여줌으로써 삶을 선택하도록 촉구한다. 약함, 조락, '퇴락'은 그러므로 숙명이 아니다. 니체는 자신을 허무주의의 질병을 치료할 수 있는 데카당으로 인식한다. 왜냐하면 그 스스로가 허무주의에 도달했기 때문이다.

"왜냐하면 내가 데카당이라는 사실과 별도로 나는 또한 그 반대의 존재다. 무엇보다도 데카당은 항상 자신을 나쁘게 하는 치료책을 선택하는 반면에 나는 건강하지 못한 불행한 사태에 대해 항상 본능적으로 적합한 수단을 선택했다는 사실을 이에 대한 증거로 삼고 싶다."(『이 사람을 보라』, 「나는 어찌 이리도 현명한지」, 2)

그러므로 데카당에 대한 치유법이 있다. 약함과 소진되는 힘에 대항할 용기를 주는 것이다. 강함과 약함은 대리석에 새겨진 대로 경직된 상태가 아니다. 오히려 힘을 관리하고 힘을 축적하고 힘을 사용하는 방식이다. 니체는 힘을 낭비하기보다는 오히려 힘을 절약하고, 그에 따라서 힘을 증대시키는 단순하고 일상적인 방식이 있다고 주장한다. 우리는 스스로 형이상학과 이념에 관한 중대한 질문에서 벗어나 인생의 사소한 일과 일상적인 습관에 관심을 갖게 해야 한다.

의지의 결핍은 위대한 열정의 결핍이다

우리는 약함과 퇴락에 의해 무엇을 이해하는가? 습관적으로 약함을 의지의 결핍 상태, 확고한 결정을 내리고 그것을 관철시킬 수 없는 상태로 본다. 약함은 유혹과 유흥에 저항할 충분한 의지가 없는 동시에 실제로 적극적 행동을 감행할 충분한 의지가 없는 상태일 것이다. 그러나 니체는 힘을 향한 의지라는 자신의 개념이 있는데도 자유의 개념만큼이나 의지의 개념에 대해서도 거의 신뢰하지 않는다. 비록 그가 일차적으로 의지의 자유는 존재하지 않고 단지 강한 의지와 약한 의지만 존재한다고 말할지라도 이내 그는 이 역시 이미지에 불과하다고 인정한다.

"박약한 의지: 오류로 이끌 수 있는 유비다. 왜냐하면 의지는 존재하지 않기 때문이다. 결과적으로 강한 의지와 약한 의지도 더 이상 존재하지 않는다. 충동이 다기화되고 해체되는 것, 충동 사이에 시스템이 없어서 약한 의지가 초래된다. 충동을 미리 지배함으로써 충동을 조절하는 것은 강한 의지를 초래한다. 약한 의지는 무게중심이 결여되어 있거나 흔들리는 상태이다. 강한 의지는 방향이 정확하고 명료한 상태이다."(『유고(1888)』, 12[219])

의지는 그러므로 자동적 능력이 아니다. 충동, 본능, 욕망, 힘과 약함으로 이루어진 혼란스러운 내면의 삶을 지배하는—혹은 하지 않는—안내인이거나 통제 기술도 아니다. 약함은 본원적 특성, 내면의 힘이 태생적으로 갖는 결함 또한 아니다. 힘과 약함은 이러한 본능적인 내면의 삶을 조직하는 방식이다. 충동이 조직되고 정합적인 체계를 갖출 때 우리는 강해지며 강한 의지를 가졌다는 인상을 갖는다. 반대로 충동이 질서를 잃고 서로 투쟁하고, 그럼으로써 서로를 소멸시킬 때 우리는 약해진다. 충동의 힘이 소진되는 대신에 더 큰 힘을 창출할 수 있도록 상호 결합하지 않을 뿐 아니라 충동 사이에 쉼 없이 벌어지는 전쟁이 우리 힘을 소진시키기 때문이다.

정신 집중을 위해 저항하는 법을 배워라
이제 우리는 두 종류의 특징적인 약함을 알고 있다. 충동이나 흥분에 저항할 수 없음, 자기 에너지를 가장 저열한 것을 위해 허비하도록 이끄는 약함과 충동이 서로 전쟁을 하는 혼돈 상태의 약함, 충동이 서로 통합하여 강해질 수 없는 약함. 이 두 가지 병리 상태—과도한 충동과 혼돈스러운 충동—에 주어질 수 있는 유일한 치유책은 느림이다. 강해지려면 속도를 늦추는 법을 배워야 한다. 첫째로 느림은 우리를 공격하고 에너지를 쓸모없이 허비하게 만드는 무수한 자극에 대해 다르게 반응할 수 있게 해준다. 둘째로 느림은—급류를 억류함으로써 그 에너지를 증대시키는 댐처럼—에너지를 제어해 증대시키고 한 곳으로 모아주고 심화시키며 지배적인 본능의 발현을 허용한다. 이런 방식으로 다른 모든 충동을 이용하고 서로 조화롭게 만들 수 있는 핵심 충동이 나타날 수 있다.

"어떻게 더 강해질 것인가? 천천히 결정하고 우리가 결정한 것을 고집스럽게 지킴으로써 그렇게 할 수 있다. 나머지는 모두 다 결과로 따라 온다. 갑작스러움과 변덕스러움은 약함의 두 종류다. 이 두 가지 유형에 휩쓸리지 말자—거리를 감지하라—당장!"(『유고(1885)』, 15[98])

느림이라는 삶의 근본 규칙을 언급하는 것은 약함에 대한 진단을 병행한다. 후자는 영속적인 유흥, 낭비, 흥분의 결과인 것이다. 한편으로 사람들은 장기 계획에 몰두할 수 없게 된다. 왜 나하면 우리는 하찮은 오락거리에 의해 끊임없이 흔들리기 때문이다. 다른 한편으로 우리는 우리를 흥분시키고 우리에게 반작용을 일으키는 이 모든 사소한 일에 에너지를 탕진한다. 과잉 행동 장애를 겪으며 수업에 집중하지 못하는 아이들을 생각해 보라. 이 아이들은 끊임없이 충동에 의해 동요된다. 또한 한순간도 침묵 속에서 살 수 없고 TV 방송이나 전화통화 또는 비디오 게임에 붙잡혀 있는 사람들을 생각해보라. 전통적 도덕이 악덕이라고 부른 것은 실제로 바로 이러한 병리 현상이다. 충동에 저항하거나 반응을 늦출 능력이 없는 상태, 자신의 열정을 좋은 방향으로 이끌어 잘 키우는 대신 즉각적으로 성적 욕망이나 분노에 굴복하는 상태를 말한다.

아무 일도 하지 않는 것의 힘

니체는 그러므로 다음의 역설을 강조한다. 약해짐은 행동의 불능이 아니라 행동하지 않음의 불능이다. 강해지려면 아무것도 하지 않는 법을 배워야 한다. 이것은 바로 약자는 알지 못하는 것이다.

　"약한 자의 건강법 — 약함 속에서 행한 모든 것은 실패한다—에 관해서 말하자면 아무것도 하지 않기다. 단지 문제는 약함의 영향을 받을 때 행동을 중단하는 힘, 반응하지 않을 수 있는 힘이 오히려 가장 강하게 타격을 받는다는 점이다. 우리는 전혀 반응하지 않아야 할 때 오히려 더 빠르게 더 맹목적으로 행동한다. (……) 자연의 힘은 기다림 속에서, 그리고 반응을 다음 날로 미룰 때 비로소 나타난다."(『유고(1888)』, 14[102])

모든 교육은 자신에게 부과한 금지의 형식을 통해 다르게 반응하는 능력을 배우는 것으로 이루어진다. 향락에 빠지지 않으려면 억제가 필요하다. 어리석음과 천박함은 본질적으로 너무 빨리 반응하는 방식 안에 있다. 이는 사태가 주는 인상에 함몰되어 그에 대한 자기 성찰을 숙성시킬 시간도 갖지 않고 성마르게 반응하는 방식을 말한다. 우리는 사물에 대한 판단을 중지하고 그에 대해 수동적으로 관조해야만 사물을 세부적으로 상세히 알 수 있게 된다. 이는 예술작품에 대한 지각을 통해서 가장 잘 알 수 있다.

통속적인 사람은 곧 '이건 아무것도 아니야', 또는 '이건 대단한 거야'라고 외치는 반면, 감식안을 가진 사람은 작품 속에 가장 깊숙이 숨겨진 힘에 똑같이 더 잘 사로잡히기 위해 자신의 회의주의와 차이를 과장한다. 니체는 그러므로 자신이 기획한 교육계획안에서 학교의 첫 번째 과제는 보는 법을 배우는 것이라고 말한다.

"보는 법 배우기—습관적으로 시선을 고요함, 인내, 내면 성찰에 두기, 판단을 차별화하기, 개별 사례를 검토하는 법과 각 사례의 모든 측면을 파악하는 법을 배우기. 이것은 정신을 중시하는 삶을 위한 준비 과정이다. 자극에 대해 즉각적으로 반응하지 않고 속박하고 고립시키는 본능을 통제하기. 보는 법을 배운다는 것은 내가 이해한 바로는 일명 강한 의지를 철학이 아닌 분야에서 말하는 방식이다. 그것의 가장 본질적 특징은 바로 원하지 않기, 결정을 중단할 수 있기다. 정신의 완전한 부재, 공통된 모든 것은 저항과 자극을 대립시키는 성향에 의존한다. 우리는 모든 필연성에 의해 반응해야 하고 각자의 충동을 따라야 한다. 많은 경우에 이러한 필연성은 이미 병적 성향, 쇠퇴, 고갈의 징후다. 철학과 상관없이 거칠게 표현해서 '악'이라는 이름으로 지칭되는 거의 모든 것은 단순하게 말해 반응할수 없다는 병리적 불능 상태다."(『우상의 황혼』, 「독일인들에게 부족한 것」, 6)

니체가 말한 힘은 그러므로 우리의 상상에 즉각적으로 떠오르는 것과 완전히 상반된다. 힘은 즉각적 난폭함, 자의적인 폭력성, '거친 아리안족의 양식 없음'을 자랑스럽게 드러내는 것이 아니다—비록 니체가 찬미했다 할지라도 말이다. 힘은 자신의 충만한 성숙에 도달하기 위해 스스로 자제할 수 있는 위대한 열정이다.

임신부의 인내심을 가져라

게다가 이러한 느린 힘의 실체를 보여주기 위해 선택된 이미지가 남자다운 것이 아니라 여성스러운 것이라면 이는 우연이 아니다. 자기 안에 힘이 축적하는 것, 하나의 생각이나 기획이 나타났다가 사라지게 하는 것은 임신이 진행되는 방식이다.

> "기다리고 있는 존재가 생각이거나 행동이거나 간에 모든 본질적 성취에 직면하여 우리는 임신과 다른 어떤 가능한 태도도 가질 수 없다. 그리고 우리는 '원하다'와 '창조하다'라는 과장된 표현을 바람에 날려버려야 한다."(『여명』, V, 50)

참된 행위는 그러므로 근본적인 수동성에서 나타난다. 우리는 아무것도 하지 않을 수 있는 인내심을 가져야 한다. 얼마간 시간이 흘리 힘이 커지면 비로소 행동이 배태된다. 행동을 탄생시키는 것은 행동하지 않음이다. 행동을 통해서 결정될 수 있듯이 행동되지 않음을 통해서도 결정될 수 있음을 알아야 한다.

"반만 원함을 경계하라. 행동에 대해서와 마찬가지로 나태에 대해서도 단호한 태도를 취하라. 밝아지고자 한다면 오랫동안 구름으로 머물러야 한다."(『유고(1883)』, 17[58])

과잉 행동, 너무 빠른 행동은 바로 우리 행동이 무산되게 하는 결과로 이어질 수 있다.

"불모성의 이유—허약한 기질로 임신 기간을 다 채우지 못하기 때문에 결코 생산에 성공하지 못하는, 탁월한 재능을 가진 정신이 존재한다."(『인간적인 너무나 인간적인』, II, 1, 216)

혹은 새로운 탄생에 이르기, 어떤 것을 품고 있기는 우리보다 더 강하고 더 위대한 어떤 것을 낳는 것임을 아는 것이다. 임신을 거치는 것은 우리의 의지는 물론 심지어 노력에도 달려 있지 않은 힘에 의해 동요될 수 있음을 배우는 것이다. 임신부와 마찬가지로 작품을 구상 중인 예술가는 자신의 창조력이 단순히 자신의 의지적 노력의 결과가 아니라는 것을 안다. 그렇다면 이를 보충하는 힘은 어디서 오는가?

아낌없이 노력한 조상의 힘을 물려받아라

마침내 생성될 수 있기 위해 우리의 삶 동안 서서히 집결되는 힘은 여러 세대를 거치면서 축적된다. 우리는 모두 조상들이 획득하거나 허비한 힘의 상속자다. 니체가 '인종'에 관해서 말할 때 우리가 생각해야 하는 것은 이러한 힘, 노력, 포기, 꿈, 좌절의 전승이지 결코 인종 분류가 아니다.

"일반적인 규칙에 의하면 각 사물의 가치는 사람들이 그에 대해 지불한 만큼의 가치가 있다. 확실히 이 사실은 개인을 따로 떼어놓고 볼 때는 적용되지 않는다. 개인이 가진 위대한 역량은 각자가 그 역량을 얻기 위해 기획하고 희생하고 겪은 것이기 때문에 이를 측정할 수 있는 공통의 기준이 없다. 그러나 그 가족의 선사를 검토해보면 모든 종류의 양도, 투쟁, 일, 승리에 의해 이루어진 가공할 만한 비축과 힘이라는 자본 축적의 역사가 발견될 것이다. 그렇기 때문에 위대한 인간이 그렇게 된 것은 그에게 많은 비용이 들었기 때문이지 단지 천부적 재능이나 우연의 기적 덕분에 그런 것이 아니다. '상속'은 잘못된 개념이다. 우리 조상들은 지금 우리의 모습을 위해 그 대가를 미리 지

불한 것이다."(『유고(1887)』, 9[45])

니체가 보기에 위대한 실현에 작용하는 생득적인 것과 획득된 것, 자연적 재능과 노력의 상대적 중요성을 둘러싼 관습적인 논쟁은 비생산적인 대립에서 연원한다. 모든 것은 획득된 것이다. 왜냐하면 우리가 조상에게서 물려받은 것은 그들에 의해 획득된 것이기 때문이다. 결실을 맺게 하는 것은 노력뿐이다. 왜냐하면 우리가 가지고 태어나는 재능과 능력은 우리 선조가 뿌린 노력의 씨앗에서 거둔 수확물일 따름이기 때문이다. 생물학적 관점에서 니체는 착각하고 있다. 왜냐하면 그는 라마르크에게는 옳지만 현대 생물학에서는 거부되는 획득형질의 유전을 인정하는 것처럼 보이기 때문이다. 그러나 우리는 한층 더 실존적이고 문화적이고 내면적인 수준에서 우리를 조상의 꿈과 노력의 상속자로 본다. 우리는 더 어린 시절부터 부모들이 획득한 지식, 이야기, 취미, 열정, 습관, 규율, 나아가 혐오와 권태에 잠겨 있다. 사회적 상승은 새로운 문화 안에 통합되는 것과 마찬가지로 마침내 우리에게 도달하기 전에 여러 세대를 통해 나누어 발생된다.

그러므로 우리는 자신에게 질문해야 한다. 지금 내 안에서 깨어나고 있는 힘 중에서 과거에서 계승된 것은 무엇인가? 나의 조상들, 환경, 역사가 나에게 물려준 것은 무엇인가? 이 중에서 내가 완전히 개인의 힘으로 변형시킨 것은 무엇인가? 오늘 내가 이용할 수 있는데 스스로 절제하는 것은 무엇인가? 우리 조상들이 훈련해서 오늘날 내가 완성시킬 줄 아는 것은 무엇인가?

스스로 혈통을 선택하라

니체에게는 인종이 민족적 개념이 아니듯이 조상도 생물학적 개념이 아니다. 조상은 우리가 힘을 길어 올리는 원천이다. 우리의 혈통, 귀속은 무엇보다도 선택적인 상상의 계통이다. 『이 사람을 보라』에서 니체는 '우리가 가장 적은 친족 관계를 갖는 것은 바로 우리 부모에 대해서'라고 선언한다. 게다가 니체는 지중해, 피에몬테, 프로방스의 생활 방식을 채택하면서도 자신이 폴란드 혈통이지 독일 혈통이 아니라는 사실을 강조한다. 독일 출신으로 공리주의자인 바그너조차도 실제로 독일과 관련된 것은 아무것도 가지고 있지 않고, 그 자신이 인정하듯이 그의 음악에서는 프랑스인의 감수성이 엄중한 독일 문화보다 더 자연스럽게 나타난다.

계통, 가계, '인종'을 찾고 상상하는 곳에서 우리는 유산, 우리에게 상속된 힘에 의지할 수밖에 없다. 우리 자신의 힘, 즉 우리의 가장 미약한 자원만으로는 자신을 실현할 수 없다. 우리는 과거 속에서 미래에 생성될 자원을 얻을 수 있다. 이렇게 이미 예전에 뿌려진 씨앗이 발아되는 것은 예상치 못했던 돌연한 사건이 될 것이다. 왜냐하면 우리는 모두 우리 내면에서 잠자고 있는 폭발을 기다리는 강력한 휴화산이기 때문이다.

"우리는 모두 우리 내면에 숨겨진 정원과 농장을 가지고 있다. 다른 이미지를 사용해본다면 우리는 모두 분출되는 시간을 알고 있는 형성 중인 화산이다."(『즐거운 학문』, I, 9)

일단 내면에 힘이 충분히 축적되면 우리는 그 힘을 머뭇거림, 과잉, 잘못된 길, 헛된 투쟁으로 낭비하지 않고 사용하는 법을 배워야 한다. 우리는 결정적 선택을 하는 법을 배워야 한다. 확실한 몸짓, 정의로운 제도를 가지는 법, 우리를 동요시키는 충동 사이에서 조화를 이루는 법을 배워야 한다.

짚고 넘어가기

1   당신의 중요한 도덕 원칙, (만일 당신이 가지고 있다면) 격렬한 이데올로기에 관한 격렬한 주장 뒤에 당신이 숨기려고 하는 약함을 찾으려고 해보라. 다른 사람들의 어떤 점을 비난할 때 당신이 감추길 원하는 개인적인 결함은 무엇인가? 다른 사람에게 결함을 수정하고 약함을 교정하라고 하지 말고 오히려 자신의 결함을 수정하고 약함을 교정하려고 해보라. 세상을 비난하고 삶을 저주하는 대신에 오히려 자신을 개선해보라.

2   어려움, 저항, 고통과 만날 때마다 어떤 점에서 이 어려움이 당신을 앞으로 나아가고 더 강하게 만들 수 있는지, 그리고 무엇으로 삶의 비참함을 풍요로움으로 만들 수 있는지 질문해보라. 모든 불운을 행운으로 여기고 새로운 삶과 행동, 사고 방식을 시험하는 기회로 삼아보라.

3   당신의 노력이 아무 결실도 맺지 못했다는 느낌을 받을

때, 아주 활발히 움직였는데도 스스로가 효율적이지 않다는 느낌을 받을 때 더 천천히 행동하려고 해보라. 느린 몸짓이 어떤 점에서 더 확실한 몸짓이며, 그럼으로써 더 강한 몸짓이 되는지 말해보라. 어느 지점에서 느림이 매번 당신이 하는 행동에 에너지를 축적시켜주고, 그럼으로써 충분히 중요하게 만드는지를 실험해보라.

4   그와 마찬가지로 결정을 할 때 서두르지 않도록 하라. 가능한 한 많은 시간을 갖고 주저하지 말고 결정을 내일로 연기하라. 이 느림이 만성적인 결정불능을 초래할지 모른다고 불안해하지 마라. 당신 안에 고착되어 있는 무의식적 결정 과정 중에 자신감을 가져라. 그리고 초조함이나 욕구가 결정을 내리지 못하게 하지 않도록 유의하라.

5   욕망이나 갈망을 느낄 때마다 저항하라. 욕구를 억제하고 급류를 막는 둑처럼 욕구를 밀어내는 것에 대해 수치스러

워하지 마라. 목적은 이 욕구를 없애는 것이 아니다. 중요한 것은 반대로 이런 억제에 의해서 욕구를 강화하여 욕구에 저항했던 힘에 저항할 수 없게 만드는 것이다.

6   몇 시간째, 며칠 동안이나 몇 주 동안 아무것도 하지 않도록 해보라. 기분전환에서 돌파구를 찾지 말고 휴지 속에, 완전한 무에 머물러보라. 당신 내면에서 어떻게 에너지가 커지는지 관찰하고 할 수 있는 만큼 그 에너지에 저항해서 당신이 더 이상 버틸 수 없을 정도까지, 스스로 화산처럼 폭발하기 직전까지 가보라. 산만하거나 의구심이 드는 단계, 동기 없는 과잉행동 단계에 도달하면 특히 이 전략을 따르라.

7   당신은 과거로부터 어떤 힘을 상속받았는가? 조상이 당신에게 물려준 재능, 노력, 꿈은 무엇인가? 항상 이미 존재하는 힘, 전승되어 당신 안에 잠자고 있는 에너지에 근

거해 당신의 기획안을 세워보라. 이 에너지가 필연적으로 당신의 가족과 국가로부터 온 것은 아니지만 선택되고 어쩌면 상상 속에 있을지 모르는 전통에서 계승한 것이리라. 전통을 따른다는 것은 그것에 맹목적으로 복종한다는 의미가 아니다. 전통은 그와 반대로 완전하게 전도시키고 개인적 혁명을 창출할 수 있는 힘을 당신에게 준다. 그러나 이 힘의 섬광은 그것이 전도시킨 것으로부터 나온다.

생각을 본능으로 바꿔라

도덕과 전통의 지배에서 해방되는 것은 자기를 정복하는 데 반드시 필요한 첫 번째 단계다. 도덕은 우리에게 집단의 가치를 부과함으로써 우리의 고유성을 부정한다. 또한 도덕은 현실과 삶의 갈망을 비난함으로써 우리의 생동적 힘을 제거한다. 그러나 이 해방은 단지 첫 단계만을 구축할 뿐이다. 우리는 다시 이 해방 자체에서 벗어나야 한다.

"내 사랑 살로메, 이 오래되고 가장 친숙한 명령, 너 자신이 되라는 이 명령을 완수하기 위해 우리는 우선 우리를 묶고 있는 사슬에서 벗어나야 할 필요성을 느껴야 한다. 우리는 이 해방에서 또한 벗어나야 한다. 우리는 각자 이 사슬의 질병을 견뎌

야 한다. 그 사슬을 부수어버린 후에도."(루 살로메에게 보낸 편지,
1882년 8월 말)

결국 사슬은 우리 삶에 표시를 남기고 우리 몸은 그 고리 하
나하나의 흔적을 갖고 있다. 도덕과 전통의 폭력은 우리를 피
흘리게 한다. 우리는 우리에게 새겨져 있고 우리에게 지주가 되
는 이 도덕과 전통의 제약에 익숙한 상태에 있다. 도덕의 제약
에서 해방됨은 더욱 깊숙한 곳에 표지를 새기게 하는 두 번째
폭력을 구축한다. 그러면 우리는 도덕에 의지하지 않고 비틀거
리면서 도덕 없이는 삶을 영위할 수 없다고 주장한다. 그것이
한 조각의 허구인 줄 알면서도 그렇게 주장한다.

"우리 안에 있는 야수는 속길 원한다. 도덕은 우리가 분열되지
않도록 허락하는 허구의 구원이다. 도덕의 가설이 범하는 오류
가 없다면 인간은 동물의 상태로 머물 것이다."(『인간적인 너무
나 인간적인』, I, 2, 40)

결국 도덕은 충동의 서열을 제안하는 장점을 지닌다. 도덕은
이런 식으로 우리 에너지에 규율을 부여함으로써 내면의 삶을
조직한다. 만일 이러한 규율 체계와 금지, 원칙의 체계가 우리

를 약하게 만든다면, 이것은 동시에 충동을 한 방향으로 결집시키고 조직하여 우리를 강화시킨다. 도덕은 인간을 형성하고 규정하는 틀이다. 그리고 인간은 일단 이 지주를 제거하면 굳건히 버틸 수 있게 될까?

성격의 힘을 믿는 것은 어리석은 일이다

자유로운 사상가—자신의 고유한 가치를 찾고 개인적 도덕을 고안하는 자—는 전통에 매여 있는 인간—맹목적으로 엄격한 규약과 가치에 복종하는 자—에 비해 엄청난 약점을 갖고 있다. 어떤 관점에서 도덕의 부리망을 쓰고 있는 인간은 어리석고 편협하다. 그는 자기 힘으로는 성찰하지 않는다. 그는 다르게 살 수 있는 가능한 모든 방법을 무시하고 매우 한정된 행동과 선택의 저장고에 구속된다. 그러나 그에게 힘을 주는 것은 바로 이 어리석음이다. 전통적인 인간은 머뭇거리며 선택해서는 안된다. 그는 반사적으로 행동한다. 왜냐하면 교육에 의해 주입되고 포화될 정도로 반복된 도덕 강령이 본능으로 변형됐기 때문이다. 성격의 힘이라고 명명되는 것은 이러한 행동의 가능성에 대한 제약 그 이상이 아니다. 이 제약은 우리를 선택의 괴로움에서 벗어나게 하고 우리 행동을 통합함으로써 잘 규정된 분명한 성격이라는 인상을 준다.

"의견의 맹종은 습관에 의해 본능처럼 되어버린 것이라 할 수 있는데, 이는 사람들이 말하는 성격의 힘으로 인도한다. 우리가 아주 적지만 늘 동일한 동기에 영향을 받아 행동할 때 이러한 행동은 그 동기에서 거대한 에너지를 얻는다. 만일 이러한 행동이 맹목적인 정신이 맹종하는 원칙에 부합할 때 그러한 행동은 승인되고 부가적으로 그 행동에 의해 주체는 새로 선한 의식이라는 느낌을 갖게 된다. 몇몇 동기, 에너지 넘치는 행동, 선한 의식은 성격의 힘을 구축한다. 행동할 수 있는 다수의 가능성과 다양한 행동 방향에 대한 인식은 강한 성격에 결함이 생기게 한다. 그 지성은 자유가 결핍되고 맹종하게 된다. 지성은 주어진 사례에서 단지 두 가지 가능성을 보여주기 때문이다. 이 둘 사이에서 그것은 선택해야 한다. 또한 오십 가지 사항 중에서 선택하는 것이 아니기 때문에 이것은 쉽고 빠르게 이루어진다."(『인간적인 너무나 인간적인』, I, 5, 228)

느림과 마찬가지로 가능성의 제한은 에너지를 축적하고 확대시킨다. 도덕에 관련된 금기는 충동적인 급류를 하나의 방향으로 모으는 댐과 같다. 이처럼 전통을 따르는 인간은 언제나 자유롭게 사유하는 사람보다 훨씬 강하다. 후자는 터져나오는 행동 가능성, 행동 결과에 대한 평가, 자기 행동의 근거와 정당화의 탐색 과정에서 에너지를 허비하기 때문이다. 도덕적 교의와 잔인하고 자의적인 도덕 강령은 이처럼 더 확고한 선택, 더 확실하고 더 많은 에너지를 요구하는 행위를 채택하도록 우리를 이끈다.

자유로워지는 것은 더 약해지는 것이다

이러한 사태는 낡은 가치의 혁신과 갱신, 전도의 욕망 전체에 대해 극복 불가능한 장애물을 제시하는 것처럼 보인다. 왜냐하면 추구, 실험, 의심은 필연적으로 우리를 분산시키고 집중력을 방해하기 때문이다. 이것들은 우리로 하여금 행동에 관련된 모든 결정에 대해 직관적인 확신을 상실하게 만든다. 성찰, 머뭇거림, 실패한 시도에서는 에너지의 손실이 발생한다. 손은 더 떨리고 정확도가 떨어진다. 여기에서 제기되는 질문은 다음과 같을 것이다. 단독으로 그리고 개인적으로 탐색하고 혁신하고 실험하는 우리가 어떻게 맹목적으로 전통을 따르는 사람들의 것과 동일한 에너지, 동일한 확신, 동일한 본능적 직관을 얻게 되는가?

"한편에 전통을 끼고 있고 자신의 행동에 토대를 부여할 근거가 필요하지 않은 사람과 비교할 때 자유로운 정신은 항상 허약하다. 무엇보다도 그런 행동을 할 때 그렇다. 왜냐하면 자유로운 정신은 너무 많은 동기와 관점을 알고 있고, 그래서 머뭇거리는 서툰 손을 갖고 있기 때문이다. 상대적으로 강할 때조차도 어떤 수단이 자유로운 정신이 되게 할 수 있는가? 그 결과 자유로운 정신은 적어도 자기를 긍정할 수는 있고 쓸데없이 소멸하지 않을 수는 있지 않을까? 강한 정신은 어떻게 탄생하는가? (……) 어디서 에너지, 유연한 힘, 참을성이 나오는가? 이 참을성 덕분에 전통에 거스르는 개인이 세계에 대해 매우 개인적인 인식을 성취할 임무를 갖게 된다."(『인간적인 너무나 인간적인』, I, 5, 230)

전통과 도덕이라는 몽둥이에 맞서 혁신과 독자성이 가능하게 하려면 우리 사유를 본능으로 이끌 필요가 있다. 이번에는 우리 사유에 힘과 습관을 부여하고 자동화가 가능하게 해주어야 한다. 우리 문화는 특히 본능을 경계하고 이성을 과대평가하는 경향이 있다. 우리 문화는 우리가 어떤 존재이든지 간에 모든 것에 대해 의식하고 있고 무의식을 유아기의 결함, 면책의 표시로 여기기를 권유한다. 혹은 우리는 가장 훌륭한 행동이 항상 무의식의 상태에서 이루어지고 있다고 쉽게 주장할 수 있다. 또한 우리가 마침내 어떤 것을 하게 되었을 때, 실패를 설명하기 위해 자취를 찾을 때, 가장 잘할 수 있는 방식을 찾기 위해 모색할 때, 더 나쁘게는 원하는 것이 무엇인지 모를 때 우리는 의식만 필요하다고도 쉽게 주장할 수 있다.

"모든 인식에서 유기체의 불만족이 설명된다. 새로운 어떤 것을 시도해야 한다. 그러나 이를 위해 그 어떤 것도 충분히 준비되어 있지 않다. 그저 힘든 노력, 긴장, 과도한 흥분만이 발견될 뿐이다─이것이 정확히 말해 바로 인식이다. 천재성은 본능 속에 있다. 선도 마찬가지다. 우리가 본능적으로 행동할 때만 성공적으로 행동하는 것이다."(『유고(1888)』, 15[25])

이처럼 초보 피아니스트만이 매 순간 자신의 악보와 손가락을 의식한다. 자신의 연주곡에 통달하게 되면 더 이상 곡에 대해 생각하지 않고 연주 기교는 모두 무의식적이고 자동적으로 발휘된다. 축구 선수는 누구에게 공을 넘겨주는 것이 좋은지 알아내기 위해 선수들의 포지션에 대해 전략적으로 분석할 시간이 없다. 그는 몸으로 이 분석을 구현하고 무의식적으로 직관에 따라 결정할 뿐이다.

몸의 지혜

모든 탁월함과 효율성은 무의식적 본능에 의거한다. 그 이유는 간단하다. 오늘날 신경과학은 뇌의 활동과 그에 대한 인식 사이에 상당히 지체가 됨을 보여준다. 의식은 항상 행동의 순간이 이미 지나간 다음에 도착한다. 축구 선수가 목표 순간을 의식하게 되면 이미 경기 양상은 달라졌다. 그러므로 축구 선수는 의식하기 전에 먼저 직관에 따라 반사적으로 공을 차게 된다.

그러므로 우리는 신체, 무의식, 충동이 우리에게 좋은 것을 의식보다 더 잘 알고 있음을 인정해야 한다. 기독교 전통이 우리에게 가르친 것과 반대로 신체는 정신에 봉사하는 단순한 도구가 아니다. 오히려 정신, 의식, 이성은 신체의 도구에 불과하다. 신체는 본능적으로 자신에게 다가오는 것을 안다. 왜냐하면 신체는 본질적으로 활동성이며 도식적이고 정신의 산물로 환원되는 단순한 표상이 아니기 때문이다.

"그러나 깨어 있는 자, 알고 있는 자는 이렇게 말한다. '나는 부분 부분이 신체다. 그 밖에는 아무것도 없다. 정신은 신체에 속하는 어떤 것을 표현하는 말에 불과하다.'

신체는 이성, 위대한 이성, 단일의 의미를 갖는 다수성, 전쟁과 평화, 무리와 목자다.

'나의 형제여, 네가 정신이라고 부르는 너의 작은 이성 역시 네 신체의 도구다. 너의 위대한 이성의 작은 도구, 장난감이다.' 너는 말한다. '나'라고. 너는 이 말을 자랑스럽게 여긴다. 그러나 더 위대한 것, 네가 믿고 싶어 하지 않는 것은 너의 신체와 신체가 가진 위대한 이성이다. 그것은 나라고 말하지 않는다. 그러나 나를 만든다."(『차라투스트라는 이렇게 말했다』, I, 「신체를 경멸하는 자들에 대하여」)

매 순간 신체는 극도로 복잡하게 작동한다. 소화, 보기, 듣기, 모든 신진대사의 조절과 같이 의식이 결코 수행하지도 못하고, 이해하지도 못하는 작업을 수행하는 것이다. 그러므로 신체는 의식보다 더 영리하고 무한할 정도로 더 섬세하고 예민하며 지각이 있다는 것을 인정해야 한다. 신체의 지혜라는 것이 분명히 존재함을.

자신의 지식을 체화하라
성찰하는 인간의 약함을 변명하려면, 자유로운 사상가의 우유부단함과 분열을 치유하려면 사유를 본능으로 변형시키고 우리가 가진 지식을 체화해야 한다.

"보존하려는 본능의 결속이 그토록 강하지 않다면 본능은 전체를 조절하는 역할을 제대로 수행하지 못할 것이다. 인류는 스스로의 전도된 판단, 백일몽, 깊이 없는 경박함, 잔혹성, 더 간단히 말해 자신의 의식 때문에 소멸될 수 있다. (……) 지식을 체화하여 본능으로 만들자. 이것은 여전히 절대적으로 새로운 과제, 인간의 눈이 이제 막 감지하기 시작했지만 아직 명료하게 확인하지 못한 과제, 그리고 지금까지 우리의 오류만이 체화되어 있고 우리의 모든 의식은 그러한 오류에 연관되어 있다는 사실을 이해한 사람들만이 파악하는 과제다."(『즐거운 학문』, I, 11)

우리가 가진 지식을 어떻게 체화할 것인가? 어떻게 그것을 본능적인 것으로 만들 것인가? 우리는 무엇보다도 본능적 삶에 개입하기를 중단하고 삶이 자신의 고유한 길을 발견하면서 활짝 펼칠 수 있게 해주어야 한다. 의식의 끝없는 통제를 잠재우고 본능을 일깨워 다듬을 수 있도록 자신을 훈련할 수 있다.

자신의 열정을 정신적인 것으로 만들고 설명하지 마라
열정은 우리를 맹목적인 존재로 만들 수 있다. 우리 본능은 어리석고 사회 생활에 적합하지 않을 수 있다. 니체의 지적에 의하면 이 경우 문제는 열정 자체가 아니라 어리석은 열정에 있다. 열정, 본능, 충동은 우리 삶에 반드시 필요하며 삶을 가장 심오하게 표현한 것이기도 하다. 어리석은 열정과 싸우는 대신, 어리석음 때문에 열정과 싸우고자 하는 것은 자살의 전략을 도모하는 것이다.

"모든 열정이 단순히 불길한 것이었던 시기, 열정이 우매함의 무게 때문에 그 희생물을 바닥으로 끌고 가던 시기, 그리고 훨씬 나중에 나타난 시기로서 정신과 혼인해 '정신적인 것으로 만드는' 시기가 있다. 과거에 열정이 운반하는 우둔함 때문에 사람들은 열정 자체와 투쟁했다. (……) 그 우둔함과 우둔함에서 초래되는 달갑지 않은 사태를 경계하려는 유일한 목적에서 열정과 욕망을 무화시키는 것은 오늘날 우리 눈에는 순수하고 단순하게 예리한 형태의 어리석음으로 보인다. (……) 교회는 모든 의미를 잘라냄으로써 열정과 투쟁했다. 교회의 실행, 교회의 처치는 거세다. 교회는 결코 다음과 같이 묻지 않는다. '우리는 어떻게 욕망을 정신적으로 만들고 미화하며 신성하게 만드는가? (……) 그러나 열정을 뿌리에서부터 공격함은 삶을 뿌리에서부터 공격함이다. 교회의 조치는 삶에 적대적이다."(『우상의 황혼』,「자연을 거스르는 도덕」, 1)

본능과 열정이 똑같이 삶의 수액이라면 이것들을 뿌리에서부터 공격해 파괴해서는 안 된다. 열정과 욕망을 이해할 수 있고 정신적인 것으로 만들어야 한다. 어떻게? 두 번째 전통은 열정을 이성적으로 만듦으로써 열정의 우매함을 심려하는 척한다. 스피노자는 열정은 이성적으로 이해되자마자 행동으로 변형된다고 주장한다. 이때 행동은 매우 큰 힘을 갖고 있어서 적합한 인식에 토대를 둘 수 있다. 그에 앞서 소크라테스는 우리로 하여금 믿음의 합리적 토대를 검토해보라고 촉구한다. 그 촉구의 이면에는 논증에 의해 정당화될 수 없는 관념은 아무 가치도 없다는 것이 함축되어 있다. 니체도 이렇게 말한다.

"본능은 이성으로 변하자마자 약화된다. 왜냐하면 이성으로 변한다는 사실은 본능을 약화시키기 때문이다."(『바그너의 경우』, 후기)

소크라테스는 본능이 가진 모호하고 분명한 양상을 경멸하고 본능이 모두 밝은 빛 아래서 해부되기를 요구한다. 그러나 본능은 이성의 빛 아래 놓인다는 사실에 의해 본능이기를 멈추게 된다. 본능은 땅속에 있고 이성에 어긋나고 이해되지 않는다는 사실에서 자신의 힘을 갖는다. 다시 말해 이성이 위대한 기획을 도모하는 곳에서 그 비밀스럽고 예견할 수 없는 길을 펼칠 수 있다는 사실에서 본능은 자신의 힘을 갖게 된다. 본능을 이성으로 바꾸는 것은 본능을 절단기로 다듬어 일반화된 추상적 개념으로 번역하는 것이다. 이러한 개념은 필연적으로 본능에서 그 섬세함을 없애버린다.

자신을 정당화하려고 하지 마라

비개인적이고 열정이 소멸된 이성의 물신화에 대응하여, 그리고 정신의 숨겨진 부분을 비추는 것으로 가정된 맹목적인 빛의 제식에 대응하여 우리는 본능에 따르고 열정이 넘치는 우리 삶의 모호성과 비합리성을 옹호해야 한다. 무엇보다도 자기 행동의 이유를 묻지 마라! 자기 욕망의 원인을 설명하려고 하지 마라! 무엇보다도 자기 정당화를 시도하지 마라! 왜냐하면 필연적으로 우리는 직관적 논리를 파괴할 것이기 때문이다. 자기에게 이유를 제공하는 교활한 쾌락은 항상 나쁜 신념을 형성한다. 살면서 겪는 이런저런 좋은 일에는 정당화가 필요하지 않다. 그것은 그 자체로 좋은 것으로 존재하기 위해 동기가 필요하지 않다. 자기 정당화를 원하게 되는 것은 항상 현실적인 의도에 의해 자신의 실제 욕망을 가린 채 자신을 느끼기 때문이다. 행동의 진정한 이유는 결코 합리적 설명으로 이해될 수 있을 만큼 단순하지 않다.

"품위를 유지하려면 이유가 필요하다고 말하는 사람은 의심을 받을 것이다. 또한 우리는 그와 친구가 되는 것을 피할 것이다. '왜냐하면'이라는 짧은 말은 경우에 따라 평판을 잃게 만든다. 사람들은 단 한 번의 '왜냐하면'으로도 자가당착에 빠질 수 있다. 더 나아가 덕을 열망하는 사람이 품위를 갖기 위해 갖가지 서투른 이유를 필요로 한다는 말을 듣게 되면 이 또한 우리의 존경심을 높일 이유가 되지 않는다."(『유고(1888)』, 14[112])

본능을 보호하고 본능이 발휘되게 하려면 우리 자신에게 무의식과 무관심의 호사를 허용해야 한다. 갈망에 이성적 도식을 부과하려 하지 않는 것, 욕망을 서랍에 잠재워두지 않는 것, 우리 자신에게 책임을 지지 않을 권리와 더불어 이성에 부합하지 않을 권리를 부여하는 것은 우리 의무다. 이를 위해 우리는 때때로 의식의 문을 닫을 줄 알아야 하고 자신에게 망각과 일종의 어리석음을 지시할 줄 알아야 한다. 이처럼 본능적 삶을 교란시키지 않으려면 의식을 비우는 것이 필요하다.

우리가 살펴보았듯이 적개심과 원한의 고통, 복수의 욕망과 싸우는 데 효과적인 가장 좋은 방법은 망각이다. 망각은 단순히 수동적 결함이 아니다. 망각은 능동적 전략이다. 이제 다음의 원리가 이해된다. 외부의 공격 너머에서 망각은 무의식을 의식 자체의 공격으로부터 보호한다. 말하자면 망각은 본능을 이해하고 길들이고 합리화하는 취조관인 이성으로부터 본능을 보호한다.

자신에게 일시적인 우둔함을 조금 처방하라

매 순간 우리에게 몰려드는 질문, 의심, 정당화하는 시도의 사태에 직면해 망각이라는 방벽은 진정한 혜택이 된다. 기질의 힘은 이러한 형태의 부분적인 맹목이다. 즉 망각은 질문과 가능성으로부터 의도적으로 거리를 두는 것이다.

> "일단 결정이 내려지면 가장 좋은 반론에도 귀를 막기. 이는 강한 기질을 드러내는 표시다. 그러므로 때때로 바보가 되려는 의지가 바로 그것이다."(『선악을 넘어서』, IV, 107)

우리는 여기서 이 장에서 제기한 역설을 다시 발견하게 된다. 일단 행동이 결정되면 힘은 모든 어리석음의 형태와 관점을 제한하고 가능성을 한정하는 형식을 배태한다. 이 형식은 둑처럼 에너지를 한 방향으로 모은다. 여기서 도덕의 장점이 발견된다. 도덕은 매우 자의적인 제약, 우리의 생동적 힘을 한 방향으로 제약한다. 만일 지성이 강해지길 원한다면 지성은 그 가운데에 일시적 어리석음을 수용해야 한다. 모든 가능한 것을 개발하려면 이러한 가능성의 영역 끝까지 가기 위한 힘이 필요하다. 우리는 그 가능한 것들 중 하나에 투신하기 위해 일시적으로 가능한 다른 것을 배제할 수 있을 것이다. 이러한 의미에서 어리석음은 지성이 갈 수 있는 데까지 가기 위한 조건이 된다.

훈련 과정이 되는 예속

예술에서건 학문에서건 운동에서건 모든 형태의 탁월함에는 다른 모든 관심을 일시적으로 차단하는 것과 자신을 엄격하고 자의적인 규칙에 예속시키고 동일한 과정을 바보처럼 끈기 있게 반복하는 것이 함축되어 있다. 또한 음계나 공 던지기를 반복하는 것, 특정 문학에 대해 가장 세부적인 내용까지 조사하는 것, 대가의 작품을 맹목적으로 따라 그리는 것도 함축되어 있다. 매번 결실은 동일하다. 우리가 지닌 반사적 힘의 성과에 의해, 그리고 의식을 잠재움으로써, 의식에서 지성을 박탈함으로써 우리의 몸짓 자체가 커진다. 직관을 따름으로써 움직임은 의식이 볼 줄 몰랐던 미묘한 차이를 지각하고 신체는 정신에 의지하지 않은 채 생각하기 시작한다. 도덕과 전통을 억류하기 위한 구실이 있다면 그것은 도덕과 전통에서 선험적으로 가장 비난할 만한 양상이다. 즉 자의적이고 전제적인 규율이 된다는 사실이다.

"특이한 사실은 대지가 자유롭고 정교하고 대담하게, 그리고 춤과 같은 규칙성과 위엄 있는 확실성을 가지고 품고 있고 품었던 모든 것이 사유 자체에서나 통치에서나, 말하고 설득하는 기술에서나 예술이나 도덕에서나 '자의적인 법칙의 압제' 덕분에 발전했다는 점이다. (……) 이 압제, 이 자의성, 이 엄격하고 장엄한 어리석음이 정신을 교육했다. 노예 상태는 가장 조잡하게 이해하든, 세밀하게 이해하든 정신을 양육하고 훈육하는 데 반드시 필요한 수단인 것처럼 보인다. 모든 도덕은 이렇게 연관짓는 가운데 고찰될 수 있다. 자유방임, 다시 말해 너무 위대한 자유를 미워하도록 가르치는 것, 제한된 지평에 대한 필요성과 가능한 가장 가까운 과제에 대한 필요성을 주입하는 것은 도덕 속에 있는 본성이다. 이는 시야를 한정할 것을 가르치고 어떤 의미에서 삶과 성장의 조건인 어리석음을 가르친다."(『선악을 넘어서』, V, 188)

니체는 결정적으로 방임을 예속 형태에 대한 찬양이라고 비난한다. 말하자면 학자와 예술가들이 자의적 규칙에 복종할 때 보여주는 헌신이라는 것이다. 역설적으로 예속은 여기서 참된 자유의 조건이다. 참된 자유는 선택의 곤란함—우리가 무엇을 선택할지 모르게 만들고, 그럼으로써 행동할 수 없게 만드는 것—이 아니다. 자유는 그와 반대로 우리에게 부과된 심각한 한계를 초월할 줄 아는 것이다. 시인은 새로운 은유를 만들어낸다. 왜냐하면 제약이 되는 시작의 규칙이 시인으로 하여금 더 멀리 나아가게 강요하기 때문이다. 음악가의 리듬은 우리를 도취시켜 시간의 흐름을 잊게 만든다. 리듬은 박자의 법칙에 통합적으로 복종하기 때문이다. 제약은 해방을 가져온다. 느림과 마찬가지로 제약은 에너지가 협소한 길로 흐르도록 강요함으로써 에너지를 모으고 확장시키기 때문이다. 그러나 인간은 항상 자유의 감정과 힘의 느낌을 혼동한다. 우리가 자유롭게 느끼는 것은 힘을 느낄 때다. 그러나 우리는 필연성의 구속을 받을 때에만 힘이 있다고 느낀다.

"필연성은 첫째로 열정의 형태 아래 지배를 받고, 다른 한편으로는 듣고 복종하는 습관을 따른다. 세 번째 경우에 필연성은 논리적 의식이 되고, 네 번째 경우에는 변덕, 모든 차이에 대한 활기찬 선호의 형태를 취한다. 열정의 각 유형은 가장 확고하게 얽매여 있는 곳에서 의지의 자유를 찾는다. 이것은 막 깨어난 애벌레가 자기 고치를 찢었다는 사실에서 자유를 찾으려는 것과 같다. 이것은 어디서 비롯되는가? 각자는 열정에서건 의무에서건, 인식에서건 변덕스러운 충동에서건 삶에 대한 자신의 느낌이 가장 강렬할 때 더 자유롭다고 믿는다는 사실에서 비롯되지 않을까?"(『인간적인 너무나 인간적인』, II, 2, 9)

우리는 이제 처음 질문에 답할 수 있다. 일단 도덕의 사슬에서 해방된 우리는 어떻게 이 해방에서 다시 해방될 수 있는가? '과연 우리는 연쇄라는 악'에서 벗어날 수 있는가? 『인간적인 너무나 인간적인』의 유명한 경구가 말하듯이 우리는 사슬에 묶여 춤추는 법을 배워야 한다. 오직 사슬의 무게만이 우리에게 가벼운 발걸음, 회전, 섬세함 그리고 춤의 아이러니를 가르쳐준다.

"지상에서처럼 하늘에서 본질적인 것은, 한 번 더 말하자면, 우리는 오랫동안 하나의 동일한 방향으로 복종해왔다는 사실인 것 같다. 결국 이것은 오랫동안 지상의 삶이 살 만한 가치가 있게 해주는 것, 예를 들어 미덕, 예술, 음악, 춤, 이성, 영성—정화되고 세련되며 상궤를 벗어나고 신성한 것을 항상 생산해낸

다."(『선악을 넘어서』, V, 188)

도덕의 익명적 사슬, 동물 집단을 발생시키는 사슬을 거부한 후에 우리는 완전히 독자적인 자신의 사슬을 발견해야 한다. 어떤 다른 것과도 유사하지 않은 내적 필연성을 발견해야 한다. 우리는 운명, 숙명, 지배적인 열정을 발견해야 한다. 이것에 의해 우리 자신의 현재 모습에 대해 만족하지 못하지만 우리 자신이 되어야 한다는 제약을 느끼게 된다.

짚고 넘어가기

1   당신은 성실하게 준수하는 매우 엄격한 규율, 제약을 가하는 일상의 규칙, 가치나 금지에 익숙한가? 며칠 동안 당신을 이 사슬에서 완전히 벗어나게 해보라. 당신에게 그것들이 더 간절하게 와닿는가? 자신이 정돈되지 않고 방향을 잃은 듯이 느끼는가? 더 이상 에너지를 한곳으로 모아 조직할 수 없는가? 만일 그렇다고 대답하고 규율의 구속이 필요하다고 느낀다면 당신에게 필요한 것은 예전의 규칙이고 지주라고 확신하는가? 아니면 다시 기강이 무너진 상태와 새로운 방향 상실에 입각해 상황에 맞는 새로운 규율과 지주를 이해할 수 있겠는가?

2   어려운 결정, 양심이 걸려 있는 사례, 극복해야 할 슬픔에 직면해 질문을 다시 곱씹어보지 않고 양심을 파헤치지 않도록 하라. 문제를 되씹으려 하지 말고 오히려 위대한 이성과 신체를 신뢰하라. 휴식하고 잠자고 운동하고 섭생을 잘하라. 며칠 후 신체가 무엇을 하고 싶어 하는지 자신에

게 물어보라. 아마도 휴식과 운동에 의해 신체는 문제를 해결할 수 있는 자원을 발견하고 당신을 좋은 방향으로 이끌 것이다.

3 당신의 정신 상태와 감정, 열정적 반응에 대해 설명할 필연성을 느끼는가? 당신은 열정을 이성적인 것으로 만들 때 열정을 더 잘 지배한다고 믿고 또한 당신은 그렇게 하는 데 성공했는가? 이제부터는 감정을 설명하지 않고 가만히 두려고 해보라. 감정을 이해하려고 애쓰는 대신에 이 감정을 가지고 무엇을 할 수 있는지 자문해보라. 비록 고통스러운 감정이라 할지라도 이 감정의 에너지로 당신의 삶에서 무엇을 생산하고 창조하고 변화시킬 수 있을 것인가?

4 당신은 행동을 정당화하는 데 많은 시간을 보내는가? 그렇다면 오히려 결과적으로 당신을 정당화할 필요가 없게

끔 행동해보라. 항상 행동이 그 자체로 설명될 수 있는 바
로 그 방식으로 행하라.

5   더 확실하게 더 직관적으로 행동하고 성찰하기 위해 자동
    적으로 행동할 수 있도록, 그리고 생각하지 않고 자신을
    감시할 필요 없이 행동할 수 있도록 자신을 훈련하라. 당
    신에게 자의적이고 유희적인 제약을 제기하면서 본성의
    일부를 형성하고 말할 수 있는 행동 방식으로 자신에게
    새로운 본능을 부여하도록 시도하라.

자의식을 버려라

니체는 느림과 본능적 무의식이 힘의 벡터로서 얼마나 중요한
지 설파했다. 이제 우리는 그리스 시인 판다로스의 격률에 대
한 니체의 독창적 사유를 이해할 수 있다. "너 자신이 되어라."
이 지시에 담겨 있는 명백한 모순은 충격을 준다. 만일 내가 변
화에 대한 기대가 없다면, 그리고 지금의 나와 다르게 바뀌고
싶지 않다면 왜 굳이 나 자신이 되라는 하나마나 한 소리를 하
는가? 나는 이미 나인데 말이다. 왜 나 자신의 현재 모습에 만
족하지 않고 가설적 변화를 목표로 해야 하는가? 표면적 모순
때문에 이 격률은 부조리해 보이고, 따라서 더 매혹적으로 보
인다.

진정한 자기 자신이 되기 위해 자신을 알아야 하는가?

우리는 델피의 신전 앞에 새겨진 그리스의 또 다른 격률인 '너 자신을 알라'를 통해 이 모순의 해결을 시도했다. 우리 자신의 진정한 존재를 모를 때 소크라테스에서 프로이트에 이르는 서구 전통은 우리가 여전히 우리 자신이 아니라고 말하는 것처럼 보인다. 재기억, 인식이라는 길고 오랜 작업, 그리고 우리 정신의 바닥을 서서히 드러내는 작업은 자신의 진정한 정체성에 도달하기 위해 반드시 필요할 것이다. 프로이트가 정체성을 구축하는 데 무의식이 갖는 중요성을 강조했다는 점에서 자신의 선도자라고 인정한 니체의 주장이 통속적 정신분석학에 속한다고 생각할 수 있다. 결국 니체도 다음과 같이 서술했다.

> "우리의 모든 의식적 동기에서 그 의식의 표층 뒤에는 충동과 조건 사이의 투쟁, 권력을 향한 투쟁이 벌어지고 있다."(『유고(1885)』, 1[20])

자기 정체성을 발견하려면, 또한 우리를 규정하는 무의식적 갈등을 발견하려면 우리는 의식의 표층을 관통해야 하는가? 개인의 정체성은 실제 이 수준에 자리 잡고 있다. 우리는 어느 정도 조화를 이루고 체계적으로 조직되고 상당한 에너지가 있는 충동과 갈등의 그물망에 사로잡혀 있다. 개성을 규정하는 것은 갖가지 충동과 본능 사이의 서열이다.

인간으로서 자신을 실현하기 위해 우리는 이 심층의 투쟁을 폭로해야 하는가? 아니면 반대로 이 과정이 우리 시선에서 멀리 벗어나게 내버려둬야 하는가?

자기 자신이 되기 위해 자신을 원하라

니체는 개인의 정체성이 의식 문제가 아닌 의지 문제라고 말하면서 그에 대한 첫 번째 지침을 준다.

> "나를 원하라. 성공을 인식하는 활동적인 본성은 '너 자신을 알라'는 격언에 의해 인도되지 않는다. 그러나 이 본성은 다음과 같은 상상의 명령을 따르듯 나아간다. 나를 원하라, 그러면 너는 누군가가 될 것이다—운명은 그들을 다시 선택으로 내모는 것처럼 보인다. 움직이지 않고 관조적인 사람들은 삶 속으로 들어가 자신들이 단 한 번 수행한 행위 또는 사유한 것에 대해 명상한다."(『인간적인 너무나 인간적인』, II, 1, 366)

우리가 자신을 실현할 수 있는 것은 결코 의식 덕분에 그런 게 아니다. 의식은 이미 산출된 것에 대해 주장하거나 성찰하기 위해 항상 나중에 온다. 우리 자신의 현재 모습이 된다는 것은 충동이라는 날것의 재료를 다듬고 혼란스러운 감정을 조직하고 부글거리는 욕망에 형태를 부여하는 일이다. 우리를 형성하고 분기하는 의지의 묶음에 더 강한 의지를 부여하는 것이 중요하다.

너 자신을 자각하지 마라!

다음과 같은 것은 더 나쁘다. 더 우호적으로 개인을 정립하는 데 만족하지 않고 자신에 대한 인식으로 자신에게 해를 입히는 것. 이처럼 니체는 역사상 줄곧 그 무엇보다도 자신에 대한 이해가 필요하다는 점을 긍정해온 서양 철학과 단절한다(그러나 자신이 확실히 알지 못하는 장자의 도교 철학은 친숙하게 여긴다). '자기 의식'은 자기 실현을 방해하는 가장 중요한 적이다.

> "우리 자신의 현재 모습이 된다는 것은 그러한 모습에 대해 최
> 소한의 예감도 갖고 있지 않음을 전제한다."(『이 사람을 보라』,
> 「나는 어찌 이리도 현명한지」, 9, 필자가 수정하여 옮김)

자각은 결과적으로 우리 자신의 현재 모습을 왜곡할 수 있을 뿐이다. 의식을 갖는 것은 모호한 감정과 골치 아픈 충동을 향

해 이성을 투사하고, 그럼으로써 내면의 삶을 왜곡하고 파괴하는 것이다. 단순한 관찰로 관측되는 현상의 전개 양상이 바뀌는 양자물리학에서처럼 의식을 갖는 것은 근본적으로 충동과 본능의 우주에 영향을 미친다. 결국 의식은 우리 존재의 가장 표층적인 단계만을 알 뿐이며 우리가 경험한 것에서 더욱 독자적이고 더욱 개별적인 것은 필연적으로 피해간다.

의식은 내면의 삶을 상투적인 것으로 만든다

의식은 자신의 내면 세계를 계발하도록 설정된 덩어리가 아니라 외부 세계와 소통하기 위해서 인식된 관문이다. 자기 자신에 대해 의식을 갖는다는 것은 자신에 대해 모두와 유사한 것만을 파악할 따름이다. 이것은 자신에게서 다른 사람과 소통할 수 있는 것만 보는 것이다.

"나의 생각은, 이미 파악했겠지만, 의식은 인간의 개별 존재에 고유하게 속하지 않고 오히려 집단이 갖는 공동의 인간 본성에 속한다는 것이다. 의식은 집단을 위한 공동의 용도에 관련되어야만 (……) 섬세하게 전개된다는 것이 내 생각이다. 결과적으로 각자는 자신을 알고 가능한 개별적인 방식으로 자신을 이해하고자 하는 그 모든 의지를 가지고 있긴 하지만 단지 우리가 지닌 개성을 억압하고 평균적인 것에 대해서만 정확히 의식을 가질 수 있다. 우리의 사상마저도 의식의 특성에 따라 의식에 명령하는 종의 수호신에 의해 지속적으로 패배하게 되고 집단의 관점에서 다시 해석된다. 우리의 모든 행동은 근본적으로 비교 불가능할 정도로 개인적이고 유일하며 무수히 개별적이다. 이것은 의심의 여지가 없다. 그러나 우리가 행동을 의식으로 옮겨오자마자 행동은 더 이상 그렇지 않아 보인다."(『즐거운 학문』, V, 354)

우리의 의식은 중요한 결함을 갖고 있다. 우리는 감각에 말의 색을 입히지 않고는 생각할 수 없다. 감각은 개인적인 반면에 말은 실제로 필요한 갖가지 사항을 다른 사람에게 전달하기 위해 만들어진 일반적인 것이다. '소금 좀 주세요', '소고기 1kg에 얼마인가요?' '오늘 날씨가 좋군요'…… 우리가 내밀한 감정, 사랑, 증오, 희망을 말하려고 하자마자 생기는 것은 사랑, 증오, 희망과 같은 만능의 조야한 단어들이다. '각 단어는 미리 규정된 것이다'(『유고(1883)』, 12[1])라고 니체는 쓰고 있다. 결국 우리는 언어의 범주, 도식, 단순화를 벗어나서는 생각할 수 없다.

"매 순간 우리는 우리가 하는 생각에 대해 유사한 표현만 가능한 단어를 가질 뿐이다."(『여명』, IV, 257)

자기 자신에 대해 의식을 갖는 것은 자신에 대한 포기에 이른다. 이는 언어의 일반성에 입각해서 미리 만들어진 표준화된 동종의 이미지를 향해 자신의 고유성을 집단에게 양도하는 것을 의미한다. 이제 우리는 우리의 자질에 따라 미리 이루어진 모든 인식이 우리에게서 자신의 길을 박탈하는 이유를 알 수 있다. 인식은 우리로 하여금 언어에 의해 미리 그려진 길, 집단의 길만을 사용하게 만들기 때문이다.

"우리는 의식의 모든 표면—그렇다. 의식은 표면이다—을 위대한 정언명법의 침해로부터 순수하게 보존해야 한다. 모든 위대한 단어와 모든 위대한 태도에도 주의를 기울여야 한다. 본능이 너무 일찍 자기 자신을 알아차리는 것은 위험하다. 그 사이에 우위를 점하기를 호소하는 이상은 계속해서 자라난다. 그리고 이상은 지시하기 시작한다. 이상은 서서히 거리와 우회로 밖으로 되돌아온다. 이상은 어느 날 전체의 평균으로서 필수불가결한 것으로 되살아나 개별적 성질과 유능함을 준비한다. 이상은 의미, 목적, 목표 등 어떤 지배적인 과제에 대한 것이면 무엇이든지 그것을 분명하게 하기 전에 먼저 그 과제에 필요한 모든 유용한 능력을 하나씩 하나씩 형성한다."(『이 사람을 보라』, 앞에 나온 글)

우리의 감각, 아직 배아 상태인 욕망, 미래의 사명 대해 희미하게 그린 초안에 말이나 이미지를 적용하는 것은 이것들을 앎의 상태에서 죽이는 것이며 일반 관념이라는 교수대에 매다는 것이다. 욕망에 자신의 길을 찾을 시간을 허용하고, 산발적 충동으로 하여금 더 전반적인 계획을 짜도록 허용하기 위해서는 욕망과 충동이 무시당한 채로 일할 수 있게 해줄 필요가 있다. 모든 의지적, 의식적, 고의적 개입은 우글거리는 충동을 유산시키고 이 유동의 창조자들을 성숙하기도 전에 응결시킬 것이다. 이 개입은 일찍부터 욕망을 하나의 단일한 방향으로 끌고 가서 막다른 길만을 만나게 할 것이다.

방황하는 가운데 자신의 길을 찾아라
자신을 발견하려면 자신을 잃어야 한다. 니체는 요약해서 다음과 같이 말한다. 방황의 시간은 삶의 진정한 기획이 성숙하는 데 반드시 필요하다.

"만일 사람들이 과제, 천명, 과제의 운명이 평균을 상당히 넘어서다는 것을 인정한다면 이 과제를 통해 자신을 바라보는 것보다 더 큰 위험은 없을 것이다. (……) 이러한 관점에서 존재에 대한 오해조차 적절한 의미와 가치를 갖는다. 길의 우회, 옆길로 새기, 주저함, 소심함, 이 과제에서 동떨어진 과제로 소모된 진지함이라는 점에서 존재에 대한 오해는 의미와 가치를 갖는다. 그리고 여기에서 위대한 지성, 심지어 최고의 지성이 나타난다. 결국 '너 자신을 알라'가 자신을 잃는 데 도움이 되는 한치유책이 되는 지점에서 자기 상실, 자기 망각, 자기 오해, 자기가치의 저하, 자기 협소화, 자기 평범화가 이성 자체가 된다."
(『이 사람을 보라』, 앞에 나온 글)

진공을 통과하는 것과 같은 도정에서 일어나는 사건들, 환멸과 같은 일시적인 무분별, 머뭇거리면서 내일로 연기하는 것은 자기를 구축하는 데 반드시 필요한 단계다. 따라서 산만하고 변덕스러운 방식으로 직업, 학업 과정, 감정을 나누는 상대를 바꾸는 것이 때때로 필요하다. 그리고 한편으로는 단조로운 활동과 단조로운 관계의 안전성에 자신을 가두고 기계적인 작업의 반복으로 녹초가 되는 것도 필요하다. 우리는 매번 아직 알지못하는 미래의 과제를 준비하고 그 과제의 여러 양상을 실험하고 이미 갖고 있는 재능으로 그 일에 공을 들인다.

바로잡을 수 없는 어리석음을 발견하라

우리는 방황할수록, 성숙해질수록, 스스로 변했다는 인상을 가질수록 불면의 요소를 더 많이 가지게 된다. 우리 내면의 어떤 것은 너무나 확고부동해서 다양한 변형의 종착지에 도달해서야 비로소 그 모습을 드러낸다. 모든 가능성을 개발해낸 힘으로 우리는 필연적으로 하나의 불가능성—우리가 무엇보다도 인지하고 싶지 않은 음험한 불가능성—과 맞닥뜨린다. 니체가 운명, 숙명이라고 부른 것이 바로 본성이 갖고 있는 이 부동의 장애물이다. 만일 운명—우리가 탄생한 이후 여정이 남긴 흔적—이 있다면 우리 심층의 본성과 개성에 새겨져 있을 것이다. 그렇다면 본성을 규정하는 것은 무엇인가? 힘이나 지성은 우리를 구성하는 약함만큼 본성을 규정하지 않는다. 우리가 초월할 수 없는 맹목적인 지점, 개선할 수도 깨우칠 수도 없는 어리석음의 한 형태라는 약점이 본성을 규정하는 것이다. 존재의 숙명을 발견하는 것은 수정 불가능한 개성의 특징, 결함, 우리 존재의 골격이 갖는 한계를 발견하는 것이다.

"그러나 우리의 근저에는, 훨씬 더 아래에 있는 그 바닥에는 확실하게 배우기를 거부하는 무언가가 있다. 정신적 숙명의 단단함, 미리 결정된 방식으로 선별된 질문에 주어진 미리 결정된 대답의 단단함이 있다. 모든 중요한 문제가 대두되는 순간에 '봐라, 내가 이런 사람이다'라는 불변의 말이 표현된다. 예를 들어 남녀 문제에 대해 사상가는 자신이 배운 것을 수정할 수 없다. 단지 자신이 학습한 것을 끝까지 밀고 나갈 수 있을 뿐이다. (……) 훨씬 나중에 사상가는 자신의 확신 속에서 단지 자신에 대한 인식으로 이끄는 흔적, 문제가 되는 우리 자신의 모습으로 이끄는 이정표만을 볼 뿐이다. 더 정확히 말하면 우리 자신의 모습인 위대한 어리석음, 우리의 정신적 운명, 배우기를 거부하는 이 모든 밑바닥에 있는 것으로 이끄는 이정표만을 볼 뿐이다."(『선악을 넘어서』, VII, 231)

우리를 규정하는 숙명의 부분, 운명의 표지자이면서 노력을 해도 우리가 변화시킬 수 없는 개성의 특징과 일단 조우하게 되면 우리는 충동을 조직하는 작업을 시작할 수 있다. 지배적이고 변화하지 않는 충동의 존재는 다른 충동을 이용한다. 내적 무질서, 혼돈스러운 내면은 질서, 구조, 서열을 탄생시킨다. 이 서열은 자신을 유지하고 완성한다. 그곳에 강한 인성과 약한 인성의 차이가 남는다. 약자가 스스로 맞서 싸우면서 없애려고 하는 충동의 먹이가 되는 반면, 강자는 이차 충동에 자리를 제공하는 지배적 충동에 의해 동기를 얻는다. 니체는 이렇게 서술한다. 신체는 여러 정신에 의해 성립된 사회 구조이며, 정신은 '충동과 감정의 사회적 구축물'(『선악을 넘어서』, I, 19)이다.

열정을 가꾸어라

위대한 열정의 발견은 이처럼 소진된 삶에 다시금 항로를 제공한다. 사회에서 실패를 겪고 탈선해 약물에 빠진 채로 할 일 없이 지내던 청춘 중에서 얼마나 많은 사람이 최소한의 노력도 없이 어느 날 자신의 소명을 만나게 되겠는가? 미국의 소설가인 제임스 엘로이가 거친 역정은 그가 자신의 작품 『내 어둠의 근원』*에서 서술한 대로 니체의 주제를 완성된 형태로 보여준다. 자기 어머니가 잔인하게 살해당하고 아버지가 돌아가신 후 불량배가 되어 일정한 거처도 없이 술과 약물에 중독된 채로 지내던 사춘기 소년 엘로이는 10년 동안 서서히 어린아이로 퇴행해간다. 이 시간 동안 내내 그는 대중소설에 푹 빠져 고문당하고 살해당한 여성들에 관한 성적 판타지에 심취했다. 그리고 그 과정에서 자신의 운명이 어머니의 운명과 같음을 알지 못한 채

---

* Rivages, 1999.

『검은 달리아』에서 일찍이 결정된 살인에 대해 경배했다. 그러던 어느 날 그는 아침에는 골프장에서 캐디로 일하면서 오후에는 글을 쓰기 시작했다. 그 일탈의 몇 년 동안 자신이 알지도 못한 채 소설이라는 자기 예술을 준비하고 다듬고 있었다는 의식을 가졌다. 그 순간부터 그는 술과 약을 끊었다.

파괴하고자 하는 우리 열정을 굴복시키는 것은 항상 그보다 더 강한 열정이다. 이 새로운 무게중심 덕분에 우리는 파괴하려는 열정을 돌보고 사용할 수 있으며, 파괴적 열정을 엮어내고 우리 취향에 맞게 미화할 수 있다. 이렇게 의식하며 구축하는 작업이 시작된다. 새로운 토대와 더불어 우리는 인격에 대응하여 경계를 설정할 자유를 갖는다. 우리에게 자유의 공간을 열어주는 것은 항상 그렇듯 우리의 필연성, 숙명이다.

"우리에게 허용되는 것: 우리는 정원사처럼 본능으로 이것을 사용한다. 대부분의 사람들이 모르는 것은 화, 연민, 거만한 태도의 씨앗을 아름다운 과일로 풍성하게 키우는 법이다."(『여명』, V, 56)

정원 가꾸기, 식물의 삶, 식물 재배는 니체가 개인의 발전, 자기 만들기에 대해 말하기 위해 즐겨 사용하는 은유 중 하나다.

거세하고 채찍질하고 사슬에 묶어두면서 야수를 사육하듯 열정을 길들이는 대신 열정을 식물처럼 키우는 것이 필요하다. 열정에 물을 주고 전지해주고 햇빛과 그늘 사이에서 좋은 방향을 찾아주고, 보호와 지도를 받게 하고 좋은 비료를 주어야 한다. 확실히 동물을 지배하고 약화시키고자 하는 길들이기와 반대로 식물 키우기는 식물의 증식을 강화한다. 이제 서로를 강화할 수 있는 방식으로 인격의 각 측면을 사용하는 것이 중요해진다.

> "개인의 결함 위에 파종하고 수확하라 ― 루소처럼 사람들은 약함, 결함, 악덕을 자신의 재능을 위한 퇴비로 사용하는 것에 정통하다."(『인간적인 너무나 인간적인』, I, 9, 617)

우리는 자신의 약점을 우리에게 부과된 삶의 원리로 인정해야 한다(『여명』, V, 218). 그런데도 우리에게는 약점을 예술적 구성을 위한 요소로 이용하는 것이 허용된다. 어떤 약점은 인격의 더 강한 측면을 완성하도록 부추기고 다른 약점은 그것과 대비되는 성격의 특성에 가치를 부여할 수 있다. 또 다른 약점은 힘이 발현된 후에 취하는 휴식을 정당화해준다. 나태는 우리에게 지성을 개발하라고 자극할 수 있다(이렇게 나태는 지성을 풍요롭게 한다). 인색함은 우리의 관대함을 훨씬 위대한 특질로 돋보이게 할 수 있다. 순진함은 우리의 재치를 드러낸 후 누리는 유쾌한 휴식일 수 있다.

인간의 곡조를 만들어라

자신의 곡조를 만들어내는 작곡가처럼 자기 존재를 구성하는 일이 가능하다. 우리는 인격이 갖고 있는 우월한 특성을 이용한다. 만일 그 특성이 빈약하다면 우리는 매혹적인 음모를 꾸며서 이러한 특성을 결합할 수 있다. 멜로디에 관한 베토벤의 상상력은 그다지 발달하지 않았다. 그는 그런데도 5번 교향곡의 도입부 네 소절처럼 때때로 거친 주제를 가지고 매혹적인 곡을 만들었다. 이처럼 예술가는 자기 삶의 주인이 될 수 있다. 예술가는 자신의 삶 자체에 의해서뿐만 아니라 날것의 재료를 조직해 각 부분을 초월하는 작품을 만듦으로써 삶의 주인이 된다. 동일 예술가의 재능과 작업이 평범한 열정을 대가의 것으로 변형시키듯이 우리는 열정과 약함을 조직할 수 있고, 그 결과 인격은 세부적인 상태에 있을 때보다 전체가 될 때 더 흥미진진해질 것이다.

"이것은 전부 우리가 예술가에게서 배워야 할 것이다. 나머지 부분에서 우리는 그들보다 더 현명해야 한다. 왜냐하면 예술가들의 이러한 교묘한 힘이 일반적으로 예술이 멈추고 삶이 시작되는 곳에서 멈추기 때문이다. 우리는 가장 일상적이고 가장 온건한 것에서부터 우리 삶의 시인이 될 수 있다."(『즐거운 학문』, IV, 299)

만일 이처럼 자신의 인격에 유형을 부여하는 것이 필요하게 된다면(같은 책, 290), 우리는 자유롭게 이를 선택할 수 있다. 어떤 사람들은 엄격하고 기하학적이고 고전적인 유형을 좋아할 것이다. 그러한 유형에서는 아무것도 벗어나지 않고 모든 것이 지배적인 계획에 복종한다. 반면에 어떤 사람들은 자신을 예측 불가능하고 규율이 잡히지 않고 세차게 분출하는 야만적 본성의 일부로 여기고 싶어 한다. 우리 자신의 모습인 숙명적 필연성의 집합체에서 출발해 우리는 실존에 대한 해석의 자유를 누린다. 중요한 것은 그 결과를 가지고 평화로워지는 것이다.

"한 가지가 필요하다: 인간은—이런저런 시 작업이나 예술을 통해—자기 만족에 도달한다는 사실을 인정할 필요가 있다. 오직 이렇게 인간을 봐야만 우리 삶은 참을 만한 것이 된다. 자신에 대해 불만을 품은 사람은 언제나 이에 대해 복수할 준비가 되어 있다. 그리고 필연적으로 다른 사람들은 그의 희생물이 될 것이다. 우리는 그의 추한 모습을 견뎌야 한다는 것만으로도 희생자가 된다. 왜냐하면 추함을 보는 것이 우리를 해롭고 음울하게 만들기 때문이다."(『즐거운 학문』, Ⅳ, 290)

그러면 이 부분에서 당연히 새로운 질문이 제기된다. 우리는 우리 자신에게 어떤 양상을 부여하고 싶은가? 우리는 어떻게 우리가 지닌 특성을 다듬길 원하는가? 우리 삶에서 무엇을 기다리는가? 우리는 열정을 위해 어떤 조화와 대조를 원하는가? 바로 지금 니체는 이러한 핵심 질문을 제기한다.

짚고 넘어가기

1   나는 더 복잡해지길 원하는가? 더 단순해지길 원하는가?

2   나는 더 행복해지길 원하는가? 아니면 행복과 불행에 대
     해 더 무관심해지길 원하는가?

3   나에 대해 더 만족하길 원하는가? 아니면 더 많이 요구하
     고 완강해지길 원하는가?

4   나는 유순하고 타협적이며 인간적인 사람이 되길 원하는
     가? 아니면 '비인간적인' 사람이 되길 원하는가?

5   나는 더 많은 이해심을 가지기를 원하는가? 아니면 더 준
     엄해지길 원하는가?

6   나는 목표에 도달하길 원하는가? 아니면 모든 목표에서
     벗어나기를 원하는가? (모든 목표에서 한계, 각도, 감옥,

어리석음 등만을 간파하는 철학자들이 하듯이) 모든 목표
에서 벗어나기를 원하는가?

7   나는 충분한 존경심을 고취시키는가? 아니면 불안이나
    경멸을 불러일으키는가?

8   나는 폭군이나 유혹하는 자가 되기를 원하는가? 아니면
    목자 또는 무리에 속한 동물이 되기를 원하는가?

(『유고(1888)』, 15[115])

적을 사랑하라

힘은 평온한 내면의 상태, 갈등과 긴장의 부재, 난폭한 열정의 부재가 아니다. 지배적 열정으로서 강한 인성은 열정의 에너지를 상승시키고 풍요롭게 만들기 때문에 모순된 열정과 내적 갈등을 필요로 한다. 지배적 열정은 늘 깨어 있고 그 힘을 모두 펼치기 위해서는 고무되고 자극받고 거부되어야 한다.

"가장 현명한 인간은 모순의 면에서 가장 풍부하다. 모든 종류의 인간을 감지하는 기관을 가지고 있기 때문이다. 이 모든 것의 한가운데 장엄한 조화의 순간이 있다. 우리 안에 최고의 우연이 있다."(『유고(1884)』, 26[119])

위대한 유형의 인격은 자신 안에서 벌어지는 혼돈의 지배자가 된다

지혜는 단지 통합이 아니라 모든 위대한 다양성의 통합이다. 그
것은 한낱 질서에 불과한 게 아니라 가장 근본적인 무질서의 질
서다. 한낱 조화에 불과한 게 아니라 더 심오한 불협화음에서
발생한 조화다. 우리는 이제 차라투스트라의 호소를 더 잘 이해
할 수 있다. "춤추는 별을 낳기 위해서는 자기 안에 혼돈을 가져
야 한다." 내면의 평화는 무언가를 창조할 수도 삶을 자극할 수
도 없다. 우리는 새로운 질서를 창출하기 위해 무질서를 필요로
하며 우리에게 절도를 부여하기 위해 과도함이 필요하다. 창조
는 언제나 범람하는 혼돈에 형태를 부여하는 것이다. 이 최초의
혼돈도 형태를 부여하는 기강만큼이나 중요하다. 왜냐하면 우
리를 밀어붙여 새로운 형태를 창조하도록 강요하는 것이 바로
이 혼돈이기 때문이다. 우리는 인간의 위대함이 열정이 빠진 지
혜나 열정의 야만에 대한 포기가 아니라 열정의 지배라는 것을
이해하게 된다. 이러한 열정의 지배는 열정의 폭력성만큼 강할
것이다.

"이 위대한 스타일은 위대한 열정과 공유하는 것이 있다. 이것
은 마음에 들려고 하지도 않고 설득하는 것을 잊어버리며 명령
하고 그 다음을 원한다. 우리 자신이 혼돈의 지배자가 되는 것,

혼돈에게 형태를 강제하는 것, 형태상의 필연성이 되는 것: 논리적이고 단순하고 애매하지 않은 수학적 필연성이 되는 것, 법칙이 되는 것. 보아라! 여기에 위대한 야심이 있다.”(『유고 (1888)』, 14[61])

그러므로 우리는 예술적 형태를 부여함으로써 내면의 부글거림을 지배하는 법뿐만 아니라 이 부글거림을 창출하고 유지하는 법도 배워야 한다. 우리는 자신을 깨어 있게 하기 위해 자극제가 필요하고 내면의 움직임를 창출하기 위해 충격이 필요하며 힘을 불러일으키기 위해 대립과 저항이 필요하다.

선한 존재가 되기 위해 악을 행할 줄 알아야 한다

만일 모순이 완전한 자기 구축의 원동력이라면, 우리는 미덕 역시 더 깊은 악덕에 의해서 추동되지 않으면 발휘될 수 없다는 것을 알 수 있다. 또한 선이 악에 의해서 고무되지 않으면 무기력한 채로 남아 있음도 알 수 있다. 결국 니체는 인간의 선과 악은 밀접하게 연결되어 있다고 주장한다. 만일 우리가 악을 행할 수 없다면 우리는 금지, 통찰력, 필요한 보존마저도 결핍될 것이다. 또한 선을 행할 수도 없을 것이다. 행복과 고통이 동전의 양면인 깃과 마찬가지로 선과 악도 동일한 역량에 의존한다. 더 선해지기 위해 우리는 더 악해져야 한다.

"나무나 인간이나 마찬가지다. 나무는 빛을 향해 높이 자라
고 싶을수록 그 뿌리는 아래로, 땅속으로 어둠과 깊이를 향
해—악을 향해 뻗는다."(『차라투스트라는 이렇게 말했다』, 「산 위의
나무에 관해서」)

인간을 계도하기 위해, 인간의 사악한 힘과 싸우기 위해 도
덕은 인간의 열정을 공격한다. 도덕이 보기에 인간의 열정이야
말로 인간적 악의 근원이기 때문이다. 그러나 도덕의 결과 생
겨난 계도된 인간, 현명해진 인간, 온순해진 인간, 열정이 사라
진 인간은 한편으로는 존재의 본질적 부분을 상실한 인간, 위세
가 꺾인 인간, 무기력해진 인간이다. 니체는 말할 것이다. 덕이
있는 인간은 반신불수의 인간이다. 자신의 사악한 절반을 마비
시킴으로써 그는 선한 절반을 사용하기 위한 힘과 날렵함을 더
이상 가질 수 없다. 왜냐하면 악을 행하기 위해 우리가 사용하
는 에너지와 책략은 선을 행하기 위해 필요한 것과 동일하기 때
문이다. 선행은 실제로 악행을 하는 데 필요한 만큼의 에너지를
요구한다. 왜냐하면 선행은 그 에너지를 사용하여 해로운 열정
을 극복하고 숭고하게 만드는 것에 해당하기 때문이다.

"선행과 악행 사이에 종적 차이는 없고 고작해야 정도의 차이만 있을 뿐이다. 좋은 행동은 숭고해진 악한 행동이다. 악한 행동은 무례함, 어리석음으로 선회한 선한 행동이다."(『인간적인 너무나 인간적인』, I, 2, 107)

그러므로 우리는 가장 파괴적이고 가장 사악한 열정에 대해서조차 두려워하지 않아도 된다. 그러한 열정을 억누르는 것은 우리 존재의 일부, 충동의 일부를 억제하는 것이다. 니체는 나쁜 성향을 거세시키지 않고 오히려 선을 확고히 하고 풍요롭게 하기 위해 이용하는 것이 가능하다고 생각한다. 우리가 삶을 긍정하고 싶을 때 삶의 어둡고 파괴적인 측면을 긍정하고 스스로 가한 부정의 일부를 가정해야 함을 수용할 필요가 있다. 분노, 부러움, 탐욕, 잔혹성과 원한까지도 동일한 열정을 숭고하게 만들 수 있도록 우리를 추동하는 원동력이 된다.

'부드러운 야만인'이 되기 위해 열정을 해방시켜라
그렇다고 해서 인간의 사회성을 현실적으로 진보시키지 않는 것이 중요한 것은 아니다. 5세기 동안 서구 사회는 살인률을 1/50이나 떨어뜨렸다. 또한 모든 형태의 살인과 잔혹성을 참을 수 없는 것으로 만들었으며, 죽음의 고통을 줄이고 장애인에게 존엄을 부여하고 학대받는 여성과 아이들을 보호하고자 했다. 이러한 관습의 완화를 새로운 기회, 열정을 속박에서 풀어주고 더 많은 권태를 갖는 것을 허용하는 조건으로 간주할 수 있다. 왜냐하면 진전된 문명은 열정을 훨씬 덜 공격적인 것으로 만들기 때문이다. 더 이상 '인간은 인간에게 늑대'가 아니기 때문에 우리는 우리 안에 잠자고 있는 야수가 새롭게 드러나게 할 수 있다.

"인간이 가진 가장 위험하고 가장 강한 열정은 인간을 가장 쉽게 사라지게 하는 열정이다. 이 열정이 그토록 체계적으로 추방되었기 때문에 가장 강한 인간 자체가 존재할 수 없게 되었다. 그렇지 않으면 가장 강한 인간들은 자신을 악독하고, '해롭고 금지된' 존재로 느낄 것이다. 그들의 과오는 엄청나지만 지금까지도 반드시 필요하다. 오늘날 모순된 많은 힘이 순간적인 열정의 억압에 의해 깨어났고(지배의 갈망, 가장과 기만의 취미), 다시 그러한 힘을 해체할 수 있게 되었다. 그런 힘은 예전의 사나움을 더 이상 갖지 않는다. 우리는 부드러운 야만을 허용한다. 우리는 우리 예술가들과 정치가들을 응시한다."(『유고 (1885)』, 1[4])

폭력적인 야수성과 소심하고 깐깐한 문명 사이에도 대안이 존재한다. 부드러운 야만이 바로 그것이다. 우리는 야만인이 될 수 있다—다시 말해서 우리 문명의 규칙에서 해방될 수 있다. 우리는 열정에 완전한 자유를 주면서도 부드러움을 가지고 행동할 것이다. 우리는 이 열정을 영적인 것으로 만들고 숭고하게 만들고 미화하는 가장 난폭한 열정을 이해해야 한다. 도덕은 인간을 진정시키길 원함으로써 인간을 열의 없고 감동하지 않는 존재로 만들었다. 니체의 말대로 이제 열의를 되찾고 도덕에 정글을 도입하고, 열정이 넘치는 인간에게 그 자리를 마련해줄 시간이 됐다.*(『선악을 넘어서』, V, 197)

심연에서 춤을 춰라

정글 속의 인간은 위험의 중요성을 잘 알고 있다. 정글의 인간은 위험이 우리를 강화하기도 하고 가볍게 하기도 한다는 것을 알고 있다. 위험에서 벗어나고자 하는 탐구는 이렇게 우울증, 형이상학적 되새김, 실존적 소심함에 대한 최선의 강화제이자

---

* 브라질에서 열대의 기수를 자처하며 운동을 벌이는 네 명의 가수, 갈 코스타Gal costa, 마리아 베타니아Maria Bethania와 그의 형제 카에타노 벨로소Caetano Veloso, 향후 장관이 되는 질베르토 질Gilberto Gil은 그들의 그룹에 '부드러운 야만Os Doces Barbaros'이라는 이름을 붙였다.

치유책이다.

"믿어보자. 존재에서 가장 위대한 풍요로움과 가장 큰 즐거움을 끌어내기 위한 비밀은 위험하게 살기다. 당신의 도시를 베수비오 화산 위에 건설하라! 당신의 배를 탐험되지 않은 바다로 출항시켜라! 당신의 닮은꼴, 그리고 당신 자신과 투쟁하라."
(『즐거운 학문』, IV, 283)

우리는 우리 삶에서 위험과 위협을 필요로 한다. 왜냐하면 어떤 것을 해야 할 이유를 갖기 전까지는 결코 우리 힘을 발달시키기 않을 것이기 때문이다. 위험은 우리를 어쩔 수 없이 강해지도록 하는 장점이 있다. 위험에 노출되지 않는 이상 우리는 결코 방어 수단, 명민함, 간계를 알지 못할 것이다.

니체는 여기서 스탕달을 상기시킨다. 스탕달은 로마, 나폴리, 피렌체를 여행한 뒤에 기록한 글에서 '우리를 그토록 왜소하게 만드는 것은 거리에 위험요소가 없다는 사실'이라고 지적한다. 결과적으로 보고타나 카라카스의 거리를 산책하는 사람들은 어떻게 해서 더 예민하고 더 신속하고 더 민첩하게 위험에 대해 지각하게 되는지를 안다. 위협에서 비롯되는 전율은 날개를 밀어 올린다. 사람들은 보도 위에 발뒤꿈치를 거의 대지 않는 채

거리로 교묘하게 끼어든다. 시선은 먼 곳까지 꿰뚫고 모든 것을 포섭한다. 사람들은 어디서도 그만큼 즐겁게 놀지 못한다. 위협이 있는 곳에서 사람들은 텔아비브나 리우데자네이루에서만큼 강렬함과 즐거움을 가지고 산다. 비록 자살 테러나 무장 강도에 대해 끝없이 공포심을 갖고 있겠지만, 이런 도시에서 현존하는 위험은 심연에서 춤추기에 대해 효과적으로 가르친다. 우리에게 춤을 가르치는 것은 줄타기 곡예사들이고 영민함과 민첩함을 가르치는 것은 낭떠러지다. 낭떠러지로 떨어지지 않게 해주는 것은 제동 장치가 아니라 두 발끝에 감겨진 줄이다.

우리는 정치가들에게 거리에서 체포된 사람을 풀어달라고, 충분한 폭력을 야기하려면 불평등을 증폭시키라고, 우리 힘과 초월을 위한 조건을 창출하려면 새로운 전쟁을 선포하라고 요구해야 하는 것인가? 때때로 니체는 도발 취미에 의해서 또는 사유 방식을 확실히 뒤엎어버리고자 하는 욕망에서 이렇게 제안하는 것처럼 보인다. 그가 위험하게 살아야 한다고 가정하는 것은 위험한 장소에서 모험을 하며 살라는 의미라기보다는 아직 그 결과를 알지 못하는 새로운 관념에서 오는 위험을 무릅쓰라는 의미일 것이다. 같은 방식으로 노예 상태에 대한 그의 찬사도 은유로서 우리 자신에게 부과한 규율을 지시한다. 니체가 찬양하는 위험, 전쟁, 적대감은 사회적, 정치적 현실만큼이나 우리 내면의 삶에 관한 것이다.

예를 들어 니체는 위대한 산문작가는 동시에 시인이기도 하다고 설명한다. 문체는 산문과 시의 갈등 사이에서 태어나기 때문이다. "전쟁은 모든 좋은 일의 아버지이며 또한 좋은 산문의 아버지다!"(『즐거운 학문』, II, 92). 창조를 솟아오르게 하는 것은 항상 내적 모순, 두 극단 사이의 긴장, 두 가치 사이의 경쟁, 대립된 갈망이다.

적개심이라는 미덕

이러한 긴장을 창조하려면 우리에게는 적이 필요하다. 만일 우리가 깨어 있어야 한다면 적을 굴복시키고 파괴시키지 않도록 조심해야 한다. 적이 없이는 긴장을 유지할 수 없기 때문이다. 적을 부정하고 증오하는 것은 문제가 되지 않는다. 이런 연유에서 니체는 적을 사랑하라는 기독교의 명령에 새로운 의미를 부여한다. 이것은 가장 난폭한 열정을 영적인 것으로 만드는 한 사례다.

"감각을 영적인 것으로 만들기는 사랑이라는 이름을 갖는다. 이것은 기독교에 대한 위대한 승리다. 그리고 또 다른 승리는 우리의 적대감을 영적인 것으로 만드는 것이다. 이것은 적을 가진다는 사실의 근원적 가치를 이해하는 것이다. 간단히 말해 우리가 다른 경우에 행위하고 추론하는 것과 정확히 반대되는 방식으로 행위하고 추론하는 것의 가치를 근본적으로 이해하는 것이다. 교회는 항상 그 적의 무화를 원했다. 반도덕주의자이자 반기독교주의자인 우리는 교회가 존재한다는 사실에서 우리에게 유리한 점을 발견한다. (……) 우리가 취하는 내면의 적에 대해서도 다르지 않다. 또한 우리는 이 과정에서 적개심을 정신적인 것으로 만들고 그 가치를 파악한다. 우리는 이러한 대가를 통해서만 내실을 기할 수 있다. 대립 속에서 내실을 기함으로써 우리는 정신이 결코 누워서 뒹굴지 않고 평화를 원하지 않는다는 전제하에서만 젊음을 유지한다."(『우상의 황혼』,
「자연을 거스르는 도덕」, 3)

교회는 원수를 사랑하라고 호소하면서 (교회가 실제로 적에게 했듯이 적을 고소하는 대신에) 사랑으로 적을 구원하기를, 즉 적을 개종시키기를 원했다. 우리는 적이 더 이상 적이 되지 않도록 적을 사랑한다. 사라지는 것이 적인지 단지 적대감뿐인지는 거의 중요하지 않다. 그러나 니체는 정반대의 것을 요구한다. 원수를 사랑하기는 자신의 적대감 자체에 대해서 감사함을, 무언가가 우리에게 저항하고 우리를 자극하고 질문을 유도하는 사실에 대해 인정함을 의미한다. 그러므로 어떤 경우에도 원수를 미워하거나 억압하거나 무력하게 만들어서는 안 된다.

우리가 경험하는 적대감, 차별, 집요하게 괴롭히기는 역으로 기회로 해석되어야 한다. 이것은 본능을 공들여 다듬고 새로운 방어법을 고안하고 본능의 우월함을 입증하는 기회이기 때문이다. 재즈를 연주하는 많은 음악가에게 미국의 흑인들에 대한 인종 차별은 단지 고통에 불과한 것이 아니었다. 이것은 한편으로는 더 강력하고 더 세련되고 더 심오한 음악을 작곡하게 하는 자극이 되기도 했다. 그들의 음악은 그들을 박해한 자의 음악보다 더 강력해서 오히려 박해자들이 이 음악을 조잡하고 미숙하게 모방하게 되었다. 동성애 혐오는 몇몇 위대한 작가를 자극했다. 이러한 자극은 프루스트에서 볼 수 있듯이, 인간의 성에 대한 덜 관례적인 분석을 통해 동성애 감추기를 강요하거나 제네나 파솔리니에서처럼 천민의 지위를 이용해 사회로부터 더 근본적인 비평을 받을 위험을 감수할 것을 강요함으로써 주어졌다. 만일 사회적 차원에서 모든 종류의 차별과 싸우는 것이 합당하다면 원한과 앙심으로 얼어붙기보다는 오히려 차별이 개인의 삶에서 발생시키는 장애를 고무하는 법도 그와 동시에 알아야 한다.

그러므로 우리는 적을 선택하고 효율적이고 생산적인 전쟁의 윤리를 존중하는 법을 배워야 한다.

"나의 전쟁 방식은 네 가지 원리로 표현된다. 첫째, 나는 승리하고 있는 상대만 공격한다. 경우에 따라서는 승리할 때까지 기다린다. 둘째, 내가 동맹을 가질 수 없는 상대들만 공격한다. 오직 혼자서 전진해야 하는 경우에만, 오직 혼자서 싸움을 수행해야 하는 경우에만 공격한다. (……) 셋째, 나는 결코 개인을 공격하지 않는다―나는 개인은 오직 강력한 확대경으로서만 활용한다. 이 확대경의 도움으로 모든 사람에 관련되지만 은밀하고 알아보기 힘든 상황을 알아볼 수 있다. (……) 공격한다는 것은 내 편에서는 호의의 표시이며 경우에 따라서는 감사의 표시이다. 나는 경의를 표하고 내 이름을 특정 사물이나 사람과 연결시킴으로써 눈에 띄게 만든다. 찬성하건 반대하건 나에게는 다르지 않다."(『이 사람을 보라』, 「나는 어찌 이리도 현명한지」, 7)

결국 니체가 수행한 전쟁의 목적은 정복이 아니다. 그것은 적의 힘과 더불어 우리의 고유한 힘을 자극하는 것이다. 내면의 적에 대해서도 마찬가지다. 난폭하고 해로운 열정, 불안, 비현실적인 갈망의 억제를 고려하지 않는다. 왜냐하면 정확히 이 악마들과 벌이는 전쟁 속에서 우리는 자신을 구축하기 때문이다. 실존의 어두운 측면과 직면하고 죽음, 고통, 어리석음, 악독함을 대면하고 우리 자신의 약함과 나태함과 싸우면서 인간은 가장 깊은 내면에 있는 자신의 모습에서 최선의 것을 끌어낼 수 있다.

짚고 넘어가기

1 당신의 인성, 취향, 가치, 야심, 재능에서 다소 강한 모순
을 감지했는가? 당신은 이러한 모순이 당신을 마비시킨
다고 느끼기 때문에 이것들을 억제하거나 없애려고 노력
하는가? 아니면 오히려 이러한 모순을 강화하려고 노력
하는가? 당신은 다행히 이러한 모순을 갖고 있고 이러한
모순은 당신의 인성을 풍요롭게 만든다. 당신이 이 모순
의 역동성을 어떻게 이용하는지, 그리고 이러한 모순을
지배하려는 노력이 어떻게 당신을 창의적인 사람으로 만
들고 내적 모순에 고유한 해결책을 찾게 하는지 자신에게
물어보라.
당신은 내면의 폭력이 두려운가? 악을 행하는 것을 두려
워하는가? 당신이 나쁜 열정에 사로잡힐까 봐 두려워하
는가? 결과적으로 당신은 이 폭력과 싸우려고 시도하는
가? 오히려 영성이 더 충만한 삶의 행보에 자양분을 주기
위해 어떻게 이 에너지를 이용할 수 있는지 물어보라.

2 　당신은 체계적으로 모든 위험을 피하는가? 사랑에서, 당신의 직업에서, 당신의 생각에서? 위험에서 도망치는 대신에 위험에 직면하고 위험한 행동을 해보라. 그리하여 이러한 위험이 어떤 방식으로 당신을 고무하고 새로운 행동을 자극하고 새로운 에너지를 분출시키는지 알아보라. 위험에서 비롯되는 전율은 당신을 더 가볍고 더 깨어 있고 더 예민하게 하지 않는가?

3 　적개심에 대한 당신의 반응은 어떠한가? 당신은 적을 갖지 않기를 바라는가? 적을 없애버리기를 바라는가? 이런저런 방식으로 당신에게 반대하는 각각의 사람, 당신에게 의문을 갖게 만드는 사람, 계략으로 당신을 긴장시키는 사람에 대해 이러한 대립이 자신에게 무엇을 가져다주는지 물어보라. 만일 적개심이 당신을 증오로 채운다면 어떤 점에서 적이 당신을 풍요롭게 하고 강하게 하는지 항상 생각해보라. 그리고 감사하는 마음을 느끼려고 애써라.

4 스포츠 경기에서 상대를 선택하듯이 바로 그렇게 의도적
으로 적을 선택하려고 해보라. 사람보다는 오히려 생각에
특권을 부여해라. 생각을 구현하고 당신의 공격에 부응하
는 데 도움이 되는 사람을 선택하라. 오직 승리하는 상대
만을 선택하고 혼자서 싸우겠다고 결심하라—결코 구급
차를 끌지 마라. 원칙에 따라 사형 집행인의 무리에 끼지
마라.

IV
내다보기

순간은
영원하다

예술은 진리보다 더 가치 있다

적을 사랑하는 것은 현실을 미화하는 한 방법이자 추하고 적대적인 것으로부터 해방감을 느끼는 한 형식이다. 니체가 삶이나 예술에서 칭송한 위대한 스타일은 우리 열정이 갖가지 충동과 벌인 전쟁에서 얻은 승리이며, 형식의 아름다움을 통해 현실의 추함을 변형시키는 힘이다. 니체는 이를 다음과 같이 몇 마디로 요약한다.

"위대한 스타일은 아름다움이 괴기스러운 것에 승리를 거둘 때 나타난다."(『인간적인 너무나 인간적인』, II, 2, 96)

연극 공연장이나 영화관에서 우리는 유아를 살해한 메데이

아나 〈대부 II〉에서 형제를 살해한 돈 콜레오네를 목격한다. 이
것은 스위스 알프스 산맥의 꽃이 만발한 목초지에서 벌어지는
하이디의 모험보다 더욱 흥미롭고 교훈을 줄 뿐 아니라 더욱 아
름답고 더욱 심오한 만족을 준다. 우리를 열광시키는 것은 표상
된 행동 자체의 기괴함이 아니라 표상된 아름다움과 표상된 기
괴함 사이의 긴장이다. 마찬가지로 풍요로운 삶은 흠집 없는 안
녕에 있는 것이 아니라 우리가 비극적 불행을 직면하는 방식에
있다.

이론적 비관주의는 실천적 낙관주의를 배제하지 않는다

긍정의 철학은 비관주의를 거부하는 행복한 낙관주의자의 철
학이 아니다. 쇼펜하우어의 비관주의와 존재가 가진 부조리하
고 맹목적인 잔혹성에 대해 그가 주장한 내용은 모든 진지한 철
학의 출발점이 된다. 그러나 비관주의의 진리는 우리에게 거기
에서 치명적인 결론을 끌어내라고 명령한다. 비관주의자가 됨
으로써 행복해지는 것을 상상할 수 있는가? 우리는 이론상으로
세상을 이해하는 것과 이 이해를 토대로 실천에 옮기는 것을 구
분할 수 있어야 한다. 니체는 첫 번째 저서인 『비극의 탄생』에
관해 다음과 같이 명시한다.

"사람들은 이 책에서 비관주의를, 더 정확히 말하면 허무주의에 진리의 가치가 있음을 발견할 것이다. 그러나 진리는 최고의 가치 기준도, 최고의 힘도 되지 않는다. 출현, 환상, 속임수, 생성, 변화의 욕구가 여기에서는 진리, 실재, 존재의 의지보다 더 심오하고 더 본원적이고 더 형이상학적인 어떤 것으로서 그 가치를 갖는다. 후자의 의지는 그 자체로 환상을 위한 의지의 한 형태에 지나지 않는다. (……)

마찬가지로 이 책은 반비관주의를 표명한다. 이 책은 비관주의보다 더 강력한 것, 진리보다 더 신성한 것을 가르치기 때문이다."(『유고(1888)』, 17[3])

현실이 끔찍할 때조차도, 진리가 의기소침하게 하고 절망하게 만들 때조차도 그게 전부가 아니다. 인식보다 더 근본적인 인간의 활동이 존재하고 진리보다 더 높은 가치가 존재한다. 바로 창조하고 상상하고 고안하고 이야기를 꾸며내는 인간의 능력이다. 많은 경우에 이러한 인간의 능력은 거짓말이 진리보다 더 가치가 있다는 것을 보여준다. 왜냐하면 거짓말은 인간을 쓰러뜨리는 대신에 살고자 하는 열망을 줄 수 있기 때문이다.

진리를 지지하는 것은 힘에 관한 문제이다

거짓말은 약함으로, 현실에 직면할 능력의 부재로, 그리고 우리가 책임을 지지 않으려는 방식으로 간주될 수 있다. 결과적으로 도덕적 이상주의 또는 종교적 이상주의의 거짓말은, 다시 말해 초자연적 허구 세계의 창조는 존재의 불가피한 고통에 직면하지 못하는 우리 성향을 위로하는 데 유용하다. 이러한 의미에서 우리가 진리에 대해 취하는 태도는 우리 힘을 시험한다.

"얼마만큼의 진리가 정신을 지탱해주고 내게 용기를 주는가? 어떤 진리는 점점 더 나에게 가치의 참된 기준이 된다. 오류(이상에 대한 믿음)는 맹목이 아니다. 오류는 무기력함이다. 모든 정복, 의식 속에 미리 존재하지 않는 모든 것은 용기, 자신에 대한 엄격함, 자신에 대한 명료함에서 기인한다."(『이 사람을 보라』, 서문, 3)

오류에 빠지거나 진리 안에 존재함은 방법의 문제가 아니라 용기와 단호함의 문제다. 진리는 두렵게 하기도 하고, 어떤 경우는 너무 허약해서 받아들일 수 없기도 하다. 진리를 찾는다는 것은 자신의 고유한 염원에 직면하여, 그리고 확실성과 위로에 대한 자기 필요에 직면하여 준엄해지는 것을 전제한다. 반면에 오류는 항상 참을 수 없는 것 앞에서 도망치는 형태로 드러난다. 그러나 니체는 다른 텍스트에서 이와 반대로 이야기하기도 한다. 어렵지만 대담한 일은 진리 안의 삶이 아니라 거짓, 환상, 가상의 삶일 것이다.

> "힘의 기준은 어느 정도까지 우리가 실재의 가상적 특성, 거짓의 필연성을 별 노력 없이 수용할 수 있는가를 결정한다."(『유고(1887)』, 9[41])

그러면 가장 견디기 힘든 것은 무엇인가? 진리를 받아들이는 것인가? 거짓을 받아들이는 것인가? 실제로 둘 사이에는 어떤 모순도 성립하지 않는다. 진리에 직면하기 위해서건 항거할 수 없는 환상의 특성을 받아들이기 위해서건 동일한 힘과 용기가 필요하다. 다소 위로가 되고 다소 생기를 주는 거짓으로 진리를 미화하고 단순화하는 것 이외에는 선택의 여지가 없는 것은 진리가 문제의 핵심이며, 이는 또한 파악할 수도 없는 잔혹한 것이기 때문이다.

삶에는 거짓도 필요하다

거짓 없이 살 수 없음은 인간의 현실이 가진 가장 끔찍한 양상,

너무 끔찍해서 약한 정신은 직면할 수 없는 양상 중 하나다. 우리 믿음은 구명대와 같아서 우리는 거기에 의지해 물에 뜨기도 하고 너무 힘든 진리는 비껴가며 헤엄칠 수 있다. 당신은 우리가 거짓 덕분에 살아남는다는 사실을 수용할 힘이 있는가?

"여기서 참된 세계와 거짓된 세계 사이에 대립은 존재하지 않는다. 단 하나의 세계만이 존재한다. 그 세계는 거짓이고 잔혹하며 모순되고 유혹하며 의미를 상실했다. (……) 우리는 이 현실, 이 '진리'를 극복하기 위해, 다시 말해 살기 위해 거짓이 필요하다. 살기 위해 거짓이 필요하다는 사실은 그 자체로 존재의 끔찍한 문제투성이 특성에 속한다."(『유고(1887)』, 11[145])

우리의 모든 믿음과 인식, 표상 체계는 어느 정도는 거짓이다. 우리는 우리에게 필요한 것에 현실을 적용하고 복합적인 지각을 단순하게 만들어 쉽게 다룰 수 있는 범주에 대응하게 만드는 것 외에는 달리 할 수 있는 것이 없다. 예를 들어 시각과 같은 지각 체계는 유용한 정보만을 유지하도록 허용하는 거대한 여과 장치이다. 언어는 감각의 다채로운 속성을 요란한 몇 마디로 환원시켜 우리 행위를 조잡한 문법 도식으로 해석한다.

모든 거짓이 다 가치 있는 것은 아니다

과학, 종교와 예술의 차이를 분석함으로써 우리는 우리에게 거짓말을 하는 근본적으로 다른 방식이 있음을 안다. 단순화, 전도, 부정, 미화의 방식이 바로 그것이다. 과학은 일반적 진리에만 관심을 갖고 고유하고 구체적인 사례를 무시함으로써 거짓말을 한다. 과학의 고유한 추상화는 단순하게 만드는 자의적인 한 형식이다. 과학에 의해서 연구 대상이 된 '인간', '생명', '지구 기후', '물질'은 허구다. 왜냐하면 개별 상황을 일반화함으로써 획득된 추상화의 문제이기 때문이다. 그런데도 이 과학적 허구는 실재와의 유사성을 유지한다. 물론 과학적 허구는 이 유사성을 체계적으로 구성해 보여준다. 종교적 거짓의 경우는 현실을 단순화하는 것에 만족하지 않고 존재하는 모든 것과 대립되는 우주를 고안함으로써 현실에 대한 부정으로 진행한다. 종교는 죽음을 '영원한 삶', 무를 '신', 약함을 '미덕'이라 부른다. 종교는 우리에게 현실은 일시적인 가상에 불과한 반면 순전히 허구적인 세계가 '절대적 진리'라고 가르친다. 종교적 거짓은 현실의 체계적 전도에 의해 성립한다.

우리의 위대한 표상 체계에서 예술은 어쩌면 하찮은 거짓말쟁이일지 모른다. 예술은 종교처럼 현실을 부정하지도, 과학처럼 현실을 단순화하지도 않는다. 반대로 예술은 우리로 하여금 예민하게 지각하도록 한다. 예술은 현실을 강화하고 미화하는, 비록 허구적이기는 하지만, 그런 반복의 형태를 통해 경험을 심화하기 때문이다. 신은 존재하지도 않고 존재할 줄도 모르는 허구인 반면에 유리피데스의 메데이아는 존재하는 것을 부각시키는 허구다. 문학적 메데이아는 배신당한 여인이고 유아 살해자인 실제의 메데이아보다 더욱 위엄 있고 더욱 감동적이며 더욱 열렬한 순교자다. 예술은 현실을 부정하는 대신에 우리에게 현실보다 더 강렬하고 더 농축된, 그러므로 더 생생하고 더 실제적인 집중된 현실을 제공한다.

진리는 추하다

유럽의 인본주의는 우리에게 인식이 행복과 자유의 문을 열어준다고, 그리고 악독한 인간은 무지하지만 만일 진리를 배우면 덕을 갖게 될 것이라고 가르친다. 그런데도 이러한 기획은 실패한 것처럼 보인다. 문화적이건 과학적이건 인식은 우리를 더 선하게도, 더 행복하게도 만들어주지 않는다. 플라톤에게 미는 선과 진리라는 이념에 대한 감각적 표현에 불과하다. 미는 영원한 진리를 향한 상승의 첫걸음이다. 그러나 니체는 다음과 같이 지적한다.

"다음과 같이 말하는 것은 철학자답지 않다. 선과 미는 하나다. 만일 철학자가 감히 '진리 또한'이라고 덧붙이려고 한다면 그는 진리를 두들겨 패야 할 것이다. 진리는 추하다. 우리는 진리를 상실하지 않기 위해 예술을 소유한다."(『유고(1886)』, 1[49])

여기 그에 대한 이유가 있다. '음악 없는 삶은 오류이기 때문이다.' 진리는 의미의 동의어가 아니다. 그 자체로서 진리는 의미에서 해체되어 있다. 진리는 심지어 부조리하다. 이것이 허무주의의 합당한 주장이다. 모든 수준에서 실재인 권력의 투쟁—바이러스와 항체의 투쟁에서 핵무장의 경쟁에 이르기까지—에는 인간에게 방향을 제시해주는 목표 같은 것이 미리 결정되어 있지 않다. 다른 한편으로 인간은 끊임없이 의미를 생산한다. 인간은 말하고 만들고 짓고 상상하고 꿈꾸고 욕망하게 된 이후로 계속해서 의미를 생산하지 않을 수 없었다. 만일 의미가 항상 발견되는 것이 아니라 창조되는 것이라면 거짓, 오류, 환상은 인간 활동의 일부를 이룬다. 삶은 그럴 때에만 의미작용을 하게 된다.

"인간을 충분히 심오하고 세심하고 천재적으로 만들어 그 수액에서 예술과 종교가 만개하게 하는 것은 오류다. 순수한 인식

은 그렇게 할 수 없다. 누가 우리에게 세계의 정수를 폭로하는
가? 누가 우리에게 가장 견디기 힘든 환멸을 부과하는가? 이것
은 그 자체로서 파악되는 세계가 아니라 그토록 의미가 풍부하
고 심오하고 경이로운, 그토록 행운과 불운이 두터운 (오류인)
표상으로서의 세계다."(『인간적인 너무나 인간적인』, I, 1, 29)

세계는 예술이다

예술적 창조는 인간뿐 아니라 온전한 자연의 근본 활동이다. 과
학적인 것과 종교적인 것은 자신들이 정합적이라고 판단하는
질서정연한 전체를 형성하기 위해 실재하는 조각을 연결하여
우주를 창조한다. 수줍은 연인은 자신의 애인에게 가장 훌륭한
특징을 부여함으로써 자기 삶에 의미를 부여한다. 편집증 환자
는 음모와 위협으로 이루어진 평행우주를 상상하면서 고통에
의미를 되찾아준다.

　자연은 전체적으로 속이고 유혹하는 겉모습을 무한히 창조
하는 것처럼 보일 수 있다. 동물계와 식물계의 과도한 변장과
다채로운 색을 보기만 해도 이것을 충분히 알 수 있다. 공작 꼬
리의 무지개 빛깔, 카멜레온의 주기적 변신, 난초 꽃부리의 다
양한 형태……. 과도한 자연미는 항상 정복하고 유혹하려는 목
적에 의한 위장이고 가장이며 책략이다. 니체는 우리의 믿음만

이 거짓은 아니라고 강조할 근거를 갖는다. 현실 자체가 거짓, 오류, 가상으로 만들어졌기 때문이다. 세계는 생성 중이라는 말은 세계는 우리가 믿는 것과 항상 다르게 드러나며, 지금은 다음 순간에 의해 부인되는 환영이라는 말이다. 그런데도 종교에서 하듯이 현실의 가상적 양상을 비난하는 대신에 니체는 거기에서 우리의 예술적 본질에 대한 증거를 본다. 자연은 속이지만, 자연은 미를 창조하면서 속인다. 가장 심오하고 가장 형이상학적인 수준에서 세계는 예술이다.

"예술은 어느 정도까지 세계의 내부를 관통하는가? 예술가의 외부에 다른 예술적 힘이 있는가? 이 질문이 나의 출발점이었다. 그리고 나는 두 번째 질문에 예라고 답했고, 첫 번째 질문에 '세계 자체는 예술이 아니면 아무것도 아니다'라고 대답했다." (『유고(1885)』, 2[119])

이 긍정에 의해서 니체는 다른 형식으로 원리를 말한다. "삶은 힘을 향한 의지다." 결국 예술은 가장 고양되고 가장 근본적인 의지의 한 형태다. 예술은 자기 힘을 표현하기 위해서 형태를 만들고 다듬고 잘라내고 감지하고 다르게 재창조하기 위해서 파괴한다.

예술에 도취되는 것은 힘에 도취되는 것이다

창조적 힘과 예술적 관조의 행사에는 똑같은 감정이 수반된다. 바로 도취다. 도취는 우리의 내적 에너지가 우리가 지각한 것을 변형시키는 상태다. 모든 것은 더욱 생생하고 더욱 강렬하고 더욱 짙게 나타난다. 우리의 생기는 사물에 투사되고 사물은 우리가 절도를 유지할 때 끊겼던 의미를 획득한다. 우리는 사랑에 빠졌을 때 이 모든 도취—모든 창조성의 모태—를 알게 된다.

"사랑: 도취가 가진 변형력의 범위를 이보다 더 놀랍게 증명하는 것을 발견할 수 있을까? '사랑'은 그 증거, 세계의 모든 언어와 침묵으로 사랑이라고 불리는 것이다. 도취는 사랑에서 실재의 끝에 도달한다. 그것은 도취의 원인이 연인의 의식에서 사라지고 다른 감정이 그 자리를 차지하는 방식으로 이루어진다. 키르케의 모든 마술거울의 떨림과 섬광 (……) 연인은 그 이상의 가치를 지닌다. 연인은 더욱 강하다. (……) 연인의 전체 잔고는 일찍이 어느 때보다 더 풍부하다. 그가 사랑하지 않는 사람에 비해서 더 강하고 더 완전하다. 연인은 이 잔고를 다 없앤다. 그는 그럴 정도로 부유하다. 지금 그는 감행한다. 모험가가 되고 관대해지고 무구한 당나귀가 된다. 그는 새롭게 신을 믿고 사랑을 믿기 때문에 미덕을 믿는다. 다른 한편 행복한 얼간이들은 날개를 펴 새로운 능력을 밀어낸다. 예술을 위한 문이 열린다."(『유고(1888)』, 14[120])

소심한 연인은 이제 '당나귀'다. 왜냐하면 그는 환상의 희생자이기 때문이다. 그러나 그의 환상은 그를 약하게 만들지 않는다. 반대로 사랑의 환상은 그를 더 강하게 만들고 그에게 더 큰 통찰력과 창의성을 부여한다. 도취는 우리의 생기를 자극하는 환상에 의해 촉발된 힘의 격동이다.

디오니소스 혹은 세계와 융합되며 생겨나는 도취

니체는 도취의 형태를 두 가지로 구분한다. 그리고 그는 이것들을 아폴론과 디오니소스라는 두 신에게 귀속시킨다. 술의 신인 디오니소스는 도취의 첫 번째 형태와 관련된 신이다. 우리는 술에 의한 도취, 성, 축구 경기장의 자유분방한 관중, 음악 리듬이 가져다주는 엑스터시를 통해 이 신을 감지한다. 이는 무엇보다도 정체성 상실에 대해 확인하는 것이다. 우리는 최고의 힘에 의해 사로잡힌 자신을 느낀다. 사람들은 의식적 자아가 가진 감지되지 않았던 산발적인 에너지의 격류에 굴복한 최고의 힘에 의해 자신이 사로잡혀 있음을 느낀다. 신체는 전율하고 다른 신체와 뒤섞인다. 그러나 자신에 대한 통제력을 상실함으로써 디오니소스적 황홀은 더 큰 에너지의 관문이 된다. 왜냐하면 이 황홀은 각 개인의 인격이라는 환상을 깨닫기 때문이다. 이 황홀은 갑자기 전체의 일부, 자연적 힘의 원자, 파도 속의 물방울, 폭풍우 속의 나뭇잎으로서 체험된다. 주변과 뒤섞인 듯한 느낌은 자기 정체성과 통합성이 파괴되는 듯한 느낌과 함께 간다. 황홀의 경험은 쾌락과 고통이 근본적으로 통합된다는 니체의 직관을 입증해준다. 디오니소스형 인물은 자신이 즐기고 있는지 고통받고 있는지 더 이상 알지 못한다. 한편은 필연적으로 다른 한편을 뒤따른다. 쾌락과 고통은 창조에서 파괴로, 파괴에서 창조로 진행하는 재생 주기에서 이행되는 단계다.

음악만큼 이 점을 잘 보여주는 것은 없다. 음악에서 불협화음은 결국 쾌락의 원천이다. 음악은 절망의 외침을 감미로운 것으로 만든다. 동시에 음악은 운동, 리듬, 시간과 생성의 예술이다. 음악은 우리에게 이 사실을 통해 온전한 상태가 갖는 근본적으로 일시적인 양상을 가르친다. 음악은 역사적 기원을 비극에서 갖는다는 사실에 주목해야 한다. 초기에 비극의 중심인물은 비극적 영웅과 더불어 노래를 통해 영웅의 행위를 설명하는 합창단이었다. 그래서 우리는 비극을 좋아하고 음악을 좋아한다. 우리는 자신의 두려움과 타인의 고통을 즐긴다. 오늘날 역시 합창단이 음악으로 거는 최면이 개인의 고통을 능가하기 때문에 우리는 음악을 즐긴다.

비극적 인물, 디오니소스형 인물은 이처럼 문제가 되는 인생의 측면과 끔찍함을 즐기는 인물이다. 그는 고통을 감지하지만 고통을 도전, 자극, 자신의 힘에 대한 시험으로 여긴다. 비극적 인간은 비관주의자다. 그의 과도한 생기는 문자 그대로 시험을 자초하기 때문이다. 낙관주의에 의해 위로받을 필요가 있는 사람은 반대로 약한 인간이다.

"그러나 고통받는 존재에는 두 종류가 있다. 한편은 종속적 삶으로 고통받는 존재다. 그는 디오니소스적 예술과 마찬가지로 삶에 대한 비극적 이해와 전망을 원한다. 곧이어 빈약해지는 삶으로 고통받는 존재가 나타난다. 그는 예술과 인식이라는 방법으로 휴식, 평정, 잔잔한 바다 아니면 도취, 폭발, 마비, 광란을 추구한다."(『즐거운 학문』, V, 370)

우리는 자신의 약함, 어떤 단련도 위협이 될 정도로 허약한 신체로 고통받을 수 있듯이 자신의 고유한 힘, 분출 지점을 찾지 못해 억제되고 압축된 에너지 때문에 고통받을 수도 있다. 힘에 의한 고통은 해방, 도전, 극복할 장애가 필요하고 약함에 의한 고통은 틀, 보호, 강화가 필요하다.

아폴론 혹은 꿈의 도취

디오니소스적 도취와는 다른 두 번째 유형의 예술과 도취가 존재한다. 아폴론적 예술이 그것이다. 이 도취는 우리를 디오니소스적 최면의 폭력에서 벗어날 수 있게 해준다. 디오니소스가 어두운 심층의 신인 반면, 아폴론은 투명하고 밝고 아름다운 표면의 신이다. 디오니소스가 우리에게 과도함, 모든 형식과 척도의 파열을 즐기게 하는 반면, 아폴론은 순수하고 균형 잡힌 형식의 유지를 통해 우리를 진정시킨다. 아폴론의 도취는 최면 상태의 도취가 아닌 꿈의 도취다. 이런 도취에서는 낯설고 끔찍한 사물이 유혹을 하는 환상과 상상의 섬광 속에서 나타난다. 고통과 공포는 예술과 꿈에 고유한 비실재감에 의해, 어둠을 몰아내는 빛에 의해, 심해가 이글거리지 않도록 진정시키는 미학에 의해 완화된다. 여기서 자아의 환상과 개인의 통합성은 도그마가 아니라 형태의 작용으로서 부활한다. 시인의 음율, 조각가의 비율, 화가의 색조는 사물에 대한 거친 경험을 매끄러움으로 변형시킨다.

우리는 디오니소스형 삶보다는 아폴론형 삶을 선택해야 하는가? 디오니소스와 아폴론은 한 과정의 두 계기, 하나의 동일한 역동의 양 극을 형성한다. 만일 '위대한 스타일이 괴기스러움에 대한 아름다움의 승리'라면 우리는 디오니소스에서 해방된 에너지를 유지하기 위해 아폴론의 차분한 형식이 필요함을 알 것이다. 만일 아폴론이 디오니소스적 폭력 때문에 생긴 우리 상처를 치유해준다면 디오니소스는 우리를 마비시킬 수도 있는 아폴론적 형식에 의해 경직된 양상을 치유해줄 것이다.

아폴론과 디오니소스는 하나의 주기가 갖는 파괴와 창조, 소모와 보충, 탄생과 재탄생이라는 두 계기다. 이 운동은 생성 자체의 운동이다. 니체는 이 창조와 파괴의 운동에는 죄책감도 책임도 과오도 없다는 것을 강조한다. 왜냐하면 근본적으로 놀이가 중요하기 때문이다. 예술가 같은 어린아이의 놀이. 어린아이는 자신의 모래성을 지었을 때와 같이 천진난만하게 이 모래성을 파괴한다. 예술가는 희극과 같이 비극에서도, 기쁨과 같이 고통에서도 쾌락을 얻는다. 생성은, 즉 삶은 그 형이상학적 본질에서 무죄다. 젊은 니체는 이처럼 소크라테스 이전에 나온 헤라클레이토스의 철학에서 아에온aeon(영구불변의 힘-옮긴이), 즉 제우스의 영원성에 대해 언급한다.

"영원히 동일한 무구함 안에서 최소한의 도덕적 양립 가능성도 없이 성립하는 생성과 소멸, 구축과 파괴는 이승에서 예술가와 어린아이들의 놀이를 구별한다. 예술가와 어린아이가 노는 방식과 동일하게 영원히 살고 구축하고 파괴하는 불이 이 무구함 속에서 작용한다. 바로 이 방식으로 아에온은 불을 가지고 노는 것이다."(『그리스 비극 시대의 철학』, 7)

삶을 어린이의 놀이처럼 인식하라

아름다움과 예술이 우리를 추한 진리에서 해방시켜주는 것과 동일하게 바로 삶을 놀이로 인식함으로써 우리는 비극적인 삶의 양상을 견딜 수 있다. 이 놀이에서 우리는 불행을 본질적으로 주어지는 것으로 받아들인다. 그렇기 때문에 놀이의 대상이 되는 고통이 가치를 갖는다. 그렇다 하더라도 니체에게 놀이는 존재의 권태를 견디기 위한 인간의 단순한 전략이 아니다. 놀이는 우주의 리듬 자체이며 모든 존재하는 것의 교환과 변형의 양식이다. 이 유희적인 운동을 너무 진지하게 보고 평가의 격자로 고착시키고 마치 부동의 것인 양 판단하는 것은 이 운동을 훼손하는 것이다. 유동적인 것을 응결시킴으로써 우리는 사물을 추하게 만들고, 생기를 부정함으로써 사물을 왜곡시킨다.

"이 모든 극도로 진지함은 그 자체로 질병이 아닐까? 추하게 만들기의 첫 번째 단계가 아닐까? 추함을 위한 의미는 진지함이 깨어나는 바로 그 순간에 깨어난다. 사람들은 사물을 진지하게 다루면서 변형시키기 시작한다."(『유고(1888)』, 15[18])

    우리는 지금 무용수의 가벼움과 섬세함이 강한 제약에 의해서만 획득될 수 있음을 안다. 무용수는 위험한 줄타기와 원무가 필요하다. 우리는 가벼워지기 위해서 무거운 중량을 견딜 수 있어야 한다. 가벼움은 흩어짐, 주의 결핍, 산만함을 의미하지 않는다. 우리가 가능한 한 가볍게 살기 위해 요구되는 무게, 우리가 가장 강한 집중력으로 삶을 즐기기 위해 요구되는 무게는 어느 정도인가? 우리가 이 놀이에서 한순간도 후회하지 않도록 해주는 것은 무엇인가?

짚고 넘어가기

1 당신의 삶에서 가장 나빴던 순간을 생각해보라. 완전히
없애버리고 싶은 기억을 생각해보라. 당신은 그것들이 결
코 일어나지 않았으면 좋겠다고 생각하는지 객관적으로
판단해보라. 혹은 그것들을 삶에서 반드시 필요한 것, 당
신의 인격과 개인사를 구성하는 것으로 볼 수 있는가? 당
신은 거기에서 아름다움의 형태, 특이성, 독특한 색조, 비
천함, 고통, 포기 속에서 포착된 대체 불가능한 특별한 빛,
비극 영화의 아름다운 장면 같은 빛을 다소 보는가? 예술
가처럼 경험해보려고 시도하라. 그래서 가장 끔찍한 사물
에서도 아름다움을 드러내보라.

2 진리에 대해 두려움을 갖는가? 불쾌하고 위험한 인식에
직면하기보다는 오히려 알지 않기를 원하는가? 만일 당
신이 진리에 직면하면 무슨 일이 일어날 것 같은가? 진리
는 어떤 방법으로 당신을 변화시킬 것 같은가? 진리는 당
신 안에 있는 어떤 힘과 약함을 일깨울 것 같은가?

3 당신은 환상이나 거짓에 만족하는 것이 좋은가? 그렇다면 어떤 유형의 거짓말이 중요한가? 당신으로 하여금 범주화하고 도식화해 사물을 보게 만듦으로써 현실을 단순하게 만드는 거짓말인가? 당신의 경험을 미화하고 세련되고 숭고하게 만듦으로써 현실을 미화하는 거짓말인가? 어떤 유형의 거짓말이 더 선호할 만한 것으로 보이는가?

4 진리가 아니라 거짓에 근거하여 존재하는 관념을 가지고 살 수 있겠는가? 진리와 거짓 사이에서 선택할 수 없다면 기분을 북돋우는 거짓과 치명적인 거짓 사이에서는 무엇을 선택할 수 있는가? 그렇지 않다면 당신이 이런저런 이점이 있는 관념에 만족할 수 없는 상태에서 그 관념을 고수하는 데 진리의 시험이 필요한가? 진리의 부재와 거짓의 편재는 당신을 위축시키는가? 아니면 당신은 이 사실을 당신의 고유한 믿음을 당신 방식대로 고안할 자유에 대한 약속으로 여기는가?

5 당신은 어디에서 가장 강한 도취감을 느끼는가? 에너지의 소비, 즐겁거나 고통스러운 강렬한 감각, 군중이나 자연 속에 섞인 것 같은 느낌 등에서 그런가? 몽환 상태의 관조, 단순한 형식의 아름다움을 불러일으키는 평화, 질서정연한 느낌이나 내면을 조절하는 느낌에서 그런가? 이런 식으로 당신은 자신이 디오니소스형 인간인지 아폴론형 인간인지 알 수 있는가?

6 당신의 삶을 너무 진지하게 여기지 않고 놀이처럼 혹은 실험처럼 여길 수 있겠는가? 이것이 어떤 점에서 당신이 실패, 과오, 고통을 견디는 데 도움이 되는가? 당신은 그것들에 대해 웃어넘길 수 있는가? 아니면 모든 놀이가 권태처럼 반드시 사라지리라는 것을 이해할 수 있겠는가?

삶을 향해 다시 한 번 소리쳐라

예술가들은 어떤 비평이 나오고 어떤 식으로 사회에 참여하게
되든, 그리고 자신의 활동으로 현실을 변화시키고 싶은 욕망에
상관없이 삶을 무척 사랑하기 때문에 단순히 살아가는 것에 만
족하지 않고 작품을 통해 삶을 두 번 시험해보고자 한다. 예술
가는 자신의 삶과 역사 중 가장 나빴던 사건도 예술에서 다시
경험할 용의가 있고 창조를 통해 영원하게 만들 용의가 있다.
관객, 청중, 독자인 우리는 영화, 노래, 그림에 감동받을 때 한
가지만을 원한다. 그 영화와 그림을 다시 보고 그 노래를 다시
듣는 것, 처음부터 다시 시작하는 것.

"우리는 끊임없이 예술작품을 다시 체험하길 원한다. 우리는

이런 식으로, 즉 삶의 각 부분 앞에서 동일한 염원을 갖는 방식으로 우리 삶을 만들어야 할 것이다."(『유고(1881)』, 11[165])

반복의 즐거움

우리는 삶 앞에서 그리고 예술작품 앞에서 같은 태도를 취할 수 있는가? 가장 고통스러웠을지라도 삶을 다시 시작할 용의가 있는가? 우리는 우리가 느낀 쾌락 중에서 가장 강렬한 쾌락을 반복하고 옛사랑을 되살리고 우리에게 각인된 장소에 되돌아오려는 성향이 있다. 반복의 욕구는 긍정하는 최고의 한 형태다. 삶에 대한 긍정을 심화하고 증폭시키는 방식이다. 행동을 반복하면서 우리는 한 번만이 아니라 무수히 예라고 말한다. 그런데도 이러한 태도를, 가장 즐거운 순간뿐 아니라 우리의 삶 전체에 대해 이러한 태도를 가질 수 있을까?

왜 우리는 반복을 좋아하는가? 반복의 욕구에서 시간의 흐름 앞에서 느끼는 불안이 표출된다. 시간의 흐름은 사물의 영속성을 완전히 박탈하는 것처럼 보이기 때문이다. 사물은 흘러가기 때문에 우리는 사물이 결코 존재하지 않았다는 인상을 갖게 되고 이러한 사물을 되살아나게 하려고 모든 것을 한다. 사물의 덧없는 속성에서 생긴 불만족은 모든 인간에게 고유한 영원성에 대한 욕구를 설명해준다. 이 욕구는 죽음에 대한 두려움보다

더 심오하다. 왜냐하면 이 욕구는 모든 욕구의 본질적 구성요소
이기 때문이다. 「도취의 노래」에서 차라투스트라는 우리로 하
여금 반복에 대한 욕구를 영원히 원하도록 부추기는 것은 쾌락
과 즐거움 자체임을 보여준다.

"오 인간이여. 간직하시오!
이 심오한 순간은 무엇을 말하는가?
나는 주었네, 나는 잠들었네—
나는 심오한 꿈에서 깨어났네:
세계는 심오하네.
그날 내가 생각했던 것보다 더 심오하네.
그리고 기쁨—심장의 고통보다 역시 더 심오한 기쁨이여.
그러나 기쁨은 영원을 원하네—
—기쁨은 심오한 영원성을 원하네, 심오한."
(『차라투스트라는 이렇게 말했다』, 4, 「도취의 노래」)

우리는 인간의 심오한 욕구인 영원성에 대한 욕구를 기독교
가 어떻게 변질시켰는지를 안다. 먼저 니체는 영원한 삶을 우리
가 삶에 대해 느끼는 즐거움을 심화한 것이 아니라 삶의 고통에
대한 대속으로 본다. 기독교인이 사후에 최고의 삶을 희망하는

것은 삶에서 고통을 겪기 때문이다. 기독교인들은 고통에 초대되어 마침내 영원성을 향한 보장을 얻는다. 차안의 모든 쾌락은 피안의 모든 쾌락에 입각한 가설적인 것이다. 기독교의 영원성은 덧없음과 생성에 대한 축하가 아니라 삶이 가진 허약하고 일시적인 양상에 대한 대가다.

삶에 영원의 이미지를 새겨라

영원한 삶에 대한 믿음은 실제 세계와 현재의 우리 삶의 가치를 떨어뜨린다. 세계는 일시적인 겉모습에 불과하고 진정한 삶은 다른 곳에 있다. 기독교도 불교도 이슬람교도 이렇게 노래한다. 그러자 삶은 시험 이상이 아닌 것으로 드러났고 기껏해야 예비 학교가 되고 최악의 경우는 형벌이 된다. 대부분의 경우 진지한 사물로 진행하기 전에 통과해야 하는 길고도 부조리한 순간이 된다. 피안의 영원성 앞에서 차안의 삶은 아무런 가치도 갖지 못한다.

"삶의 무게중심을 삶이 아니라 피안, 즉 무에 둠으로써 우리는 삶에서 무게중심을 모두 제거해버렸다. 개인의 불멸성이라는 위대한 거짓은 일체의 이성, 본능의 본성 일체─삶에 도움이 되고 미래를 보증하고 그 후로는 계속적으로 의혹을 조장하는,

본능에서 유익한 모든 것—를 파괴한다. 삶이 더 이상 아무런 의미도 갖지 않는 방식으로 사는 것이 이제 삶의 의미가 된다." (『반그리스도』, 43)

그러므로 샤토브리앙은 다음과 같이 서술할 수 있는 것이다. "영원히 산다는 관념이 없다면 도처에는 무만 존재한다." 인간이 더 이상 내세를 믿지 않을 때 허무주의자가 된다. 무 안의 비존재는 인간에게 세계의 존재를 위태롭게 한다. 그러나 인간이 내세를 믿는 바로 그때 현세의 삶은 그 무게와 신랄함, 중요성을 상실했다. '영원한' 삶은 현세의 삶을 필요한 만큼 강렬하게 살지 않는 구실이 된다. 그렇지 않으면 우리는 이 삶을 강화하고 풍요롭게 만들기 위해 존재의 외부가 아니라 오히려 존재의 내부에서 영원성을 보아야 한다.

"우리 삶에 영원의 이미지를 새기자. 이 생각은 어떤 종교가 가진 것보다도 많은 것을 포함한다. 여러 종교는 이 삶이 일시적이라는 이유로 경멸하고 또 다른 규정되지 않은 삶으로 시선을 돌리라고 가르친다."(『유고(1881)』, 11[159])

삶에서 영원성을 복원하기 위해서는 치유와 해독이 필요하다. 그래야 가설에 의한 최선의 삶을 위해 우리 현세의 삶을 박탈하는 질병을 치료할 수 있다. 또한 이 지점에서 기독교의 가치는 전도되어야 한다. 우리는 피안에 대한 우리의 시선을 뒤집어서 지상으로, 우리가 살고 있는 순간과 우리가 수행 중인 행동으로 향하게 해야 한다. 처음에는 영원회귀에 대한 이 믿음이 좌절을 가져온다.

"가장 무거운 무게―만일 어느 날 낮이나 밤에 악마가 비밀리에 너의 가장 큰 고독 속으로 들어와 다음과 같이 말하는 경우를 가정해보자. '네가 살고 있고 살았던 이 삶을 너는 한 번 더 그리고 무한히 다시 살아야 한다. 모든 고통과 모든 쾌락과 모든 생각과 탄식, 네 삶에서 이루 다 말할 수 없을 정도로 크고 작았던 모든 일이 다시 네게 돌아와야 한다. 모든 것은 똑같이 이어지고 연결된다―거미와 나무 사이의 이 달빛도 마찬가지로, 그리고 이 순간과 나 자신도 마찬가지로. 존재의 영원한 모래시계는 끊임없이 뒤집힌다. 그 시계와 더불어 너도 먼지 중의 먼지여!' 너는 이렇게 말하는 악마를 저주하면서 이를 악물고 지상으로 뛰어내리지 않겠는가? 네가 그에게 다음과 같이 대답하는 그 가공할 순간을 이미 경험했는가? '너는 신이다. 그러나 나는 더 이상은 신성한 것에 결코 귀 기울이지 않겠다'

고."(『즐거운 학문』, IV, 341)

    삶의 매 순간을 무한히 살아야 한다는 생각은 우리를 절망으로 내몰 수 있다. 왜냐하면 우리가 다시 삶을 살 수 있는지 묻기 위해서는 삶을 통째로 포착하는 것이 아니라 매 순간 영원히 다시 산다는 것을 인식하는 것이 필요하기 때문이다. 모든 종류의 근심, 사고, 비극, 질병, 불행, 슬픔의 순간까지도. 영원회귀는 우리를 두렵게 한다. 왜냐하면 이것은 고통스러운 것의 회귀를 의미하기 때문이다. 마찬가지로 단조롭고 권태롭고 좌절하게 만드는 모든 것의 무한 반복은 또한 더 단조롭고 권태롭고 좌절하게 만드는 것을 이끌어내기 때문이다. 이렇게 영원히 되돌아오는 것은 '동일한 것'이다. 니체는 거세 공포를 불러일으키는 자기 어머니의 영원회귀, 교양 없는 반유대주의자인 자기 누이의 영원회귀에 대해 구역질을 느끼면서 진저리친다.

삶을 벗어난 핑계를 일절 금하라

영원회귀라는 논제가 가진 미덕의 치료 효과는 이 구역질나고 짜증나는 측면에서 발견된다. 삶에 어떤 핑계도 없고, 따라서 충실하게 살지 않는 데 어떤 변명도 가능하지 않다는 것을 이해하려면 이 밀실공포를 체험해보아야 한다. 고통스러운 삶에 직면해서 어떤 사람들은 궁극적인 방편이자 구원의 출구로서 자살을 원하기도 한다. 단순히 자살에 대해 생각하는 것만으로도 삶의 압박감이 경감될 수 있다. 하지만 영원회귀설은 우리에게 이 출구조차 허용하지 않는다. 우리는 패배감, 무기력, 포기의 감정을 가지고 자살을 무한히 반복할 것이다. 영원회귀는 협박이나 자극제로 기능한다. 영원회귀는 우리가 삶을 상정하고 그 삶을 매 순간 무한반복하기를 원할 수 있도록 변형시키기를 강요한다. 왜냐하면 만일 영원히 되돌아오는 것이 동일한 삶이라면 이 생각에 대한 두려움은 다르게 살도록 강요할 것이기 때문이다. 니체는 영원회귀 사상이 우리를 근본적으로 변화시킬 수 있다고 단언한다.

"모든 것이 필연적이라면 내가 행동으로 할 수 있는 것은 무엇인가? 생각과 믿음은 다른 모든 무게 옆에서 그보다 더 무겁게 너를 짓누르는 무게다. 너는 영양, 장소, 공기, 사회가 너를 변형시키고 규정한다고 말하는가? 물론 네 의견은 충분히 그렇게 할 수 있다. 왜냐하면 이들은 영양, 장소, 공기, 사회에 대한 너를 규정할 수 있기 때문이다. 네가 생각에 대한 생각을 너의 내면에 통합할 때 이 생각은 너를 변형시킬 것이다. 네가 하고 싶은 모든 것에 관한 질문이 성립한다. '나는 이런 식으로 이것

을 무한히 하고 싶은가?' 이 질문은 가장 무거운 무게다."(『유고
(1881)』, 11[143])

이 생각은 역설적인 것으로 보인다. 만일 삶이 영원히 내가
하게 될 행동을 무수히 반복하는 것에 불과하다면 나는 어떻게
이것을 변화시킬 수 있는가? 되돌아와야 하는 것이 동일한 것
이라면 어떻게 이 관점은 나를 다르게 만들 수 있는가? 니체는
다른 모든 관념처럼 영원회귀의 관념은 나를 변화시킬 수 있다
고 답한다. 우리는 모든 것이 원인에 의해 결정된 우주에서 우
리가 지닌 관념은 무기력하지 않다는 것을 너무 자주 잊어버린
다. 왜냐하면 우리의 관념은 우리를 결정하는 원인의 일부를 이
루기 때문이다. 확실히 영원회귀가 일어난다는 단순한 관념으
로는 충분하지 않다. 우리가 몸소 영원회귀를 구현하고 체험하
는 것이 필요하다.

영원회귀의 관념은 절단기, 메스, 채찍의 기능을 한다. 절단
기 기능을 하는 이유는 불행하고 무기력한 삶의 가능성을 자동
적으로 제거하기 때문이다. 아무도 이러한 삶을 끝없이 반복하
기를 원하지 않을 것이다. 이처럼 니체는 약한 자와 실패한 자
는 소멸되어야 한다고 말할 때 영원회귀를 약한 자를 제거하는
무기로 생각한다. 그러나 물리적 의미에서 제거하는 것은 아니

다. 그에 의하면 실패한 우리 인생의 무한반복이라는 단순한 관념은 우리를 강화시킬 수밖에 없다. 이 관념은 또한 우리로 하여금 원한과 앙심을 포기하게 만들고 스스로 생존이라는 단순 본능에 의해 우리의 약함을 소멸하게 만든다. 이러한 관점이 주는 중압감에 압사당하지 않으려면 우리의 고유한 약점을 처단하는 길밖에 없다.

삶에 거는 판돈을 늘려라

영원회귀라는 관념은 다음에는 메스가 된다. 이것은 우리가 진정으로 원하지도 않으면서 하는 행동을 세심하게 제거한다. 절반의 소망, 위선적이거나 타협적인 욕망, 단순한 편의나 무기력 때문에 수행한 행동, 부득이해서 하거나 혹은 어쨌든 행한 모든 일이 그 대상이 된다. 마지막 담배, 마지막 한잔처럼 마지막이라고 믿기 때문에 자신에게 허용한 행동도 마찬가지다. 마지막으로 이러저러한 일을 마지못해 하는 경우와 나에게 이러저러한 무기력을 허용하는 경우도 이에 해당된다. 영원회귀는 우리에게 마지막이라는 것은 결코 존재하지 않음을 가르치고 매번의 개별 행위는 비록 무의미하고 일시적이라 할지라도 영원히 되돌아옴을 가르친다. 이러한 생각은 이제 내가 지금까지 더 나은 미래를 기다리면서 허용하거나 참고 견딘 것을 나에게 금지한다. 왜냐하면 나의 미래는 바로 지금 이 순간이기 때문이다. 영원회귀론은 이렇게 종교적 도덕에서 우리 행위의 가치를 위한 처벌과 보상의 개념을 채택한다. 그런데도 이러한 제재는 피안이나 외부의 심판에서 발견되지 않는다. 나의 행위는 영원한 반복이라는 관념에 의해 무한정 증폭되기 때문에 그 자체가 고유한 보상이고 처벌이다. 그러므로 내가 좋아하는 것을 하고 내가 하는 것을 좋아하는 것 외에는 다른 선택을 허용하지 않는다. 영원회귀에 의해 차라투스트라처럼 우리는 다음과 같이 말하게 된다.

"근본적으로 나는 삶만을 사랑한다. 진실로 무엇보다도 내가 삶을 증오할 때!"(『차라투스트라는 이렇게 말했다』, II, 「춤의 노래」)

결국 영원회귀의 관념은 우리에게 창의적 존재가 되라고 강요하는 채찍처럼 작용한다. 삶이 우리에게 무의미해 보인다면 우리는 더 이상 다음 세상을 믿거나 자발적 죽음에 의해 부조리를 제거하기를 선택할 수 없다. 우리는 현재 삶에 의미를 부여해야 한다. 왜냐하면 목적의 부재와 기계적이고 맹목적인 반복이 여전히 이 삶을 더 무의미한 것으로 만들기 때문이다. 우리는 보석 세공인처럼 우리 존재를 다듬고 수천 번 재가공하고 완벽하게 만들고 아름답게 장식하고 더 강렬하고 도취감을 느끼게 하는 방식으로, 즉 예술가처럼 삶을 살아야 한다.

동일한 것의 영원회귀는 새로운 창조 없이는 성립할 수 없다. 우리는 단조로운 삶의 영원한 반복이 주는 고통을 알기 때문에 삶을 새롭게 사는 것을 생각하기에 앞서 먼저 풍요로운 삶을 만드는 법을 배워야 한다. 그리고 이 관념이 뿌리내리게 되면 우리는 자신에게 다양하게 변형되는 모습을 만들어주어야 할 것이다. 그러면 우리는 수차례 쓰레기통에 던져질 법한 연극을 다르게 창작하는 셈이 된다.

더 이상 회한도 후회도 갖지 마라

니체가 제안하는 관점에 따라 우리는 과거에 대해서도 똑같이 다른 시각을 가질 수 있다. 현재의 회귀를 원하는 우리는 또한 먼 과거의 회귀를 원해야 한다. 왜냐하면 우리의 과거는 우리의 미래이기 때문이다. 영원회귀의 관념은 니체가 복수심이라 부른 무기력과 원환의 궁극적 형태에서 우리를 회복시켜준다. 비록 우리가 우리의 현재를 창조하고 우리의 미래를 직조할 수 있다 할지라도, 우리는 여전히 의지가 아무 영향도 미치지 못하는 과거에 갇혀 있다. 후회, 회한, 해로운 결정, 실패 사례, 괴로운 기억의 고통, 행복한 순간에 대한 향수 등등의 과거는 우리 의지에 대해 무력감을 갖게 만든다. 어떤 사람들은 자신이 하거나 하지 않은 선택을 후회하면서 시간의 불가역성, 지난 과오의 수정 불가능성같이 책임을 전가할 거리를 찾을 것이다. 모든 복수는 되돌아와서 그림을 지워버리고 모든 향수는 그림에 생명을 주려고 한다. 영원회귀의 관념은 우리를 이 질병에서 회복시켜준다. 만일 우리가 과거의 사건을 무한히 되살려야 한다면 우리는 우리 의지로 그렇게 해야 하고 우리가 한 행동을 완전히 받아들여야 한다. 그렇게 되면 더 이상 후회나 회한을 위한 자리는 없을 것이다.

"이렇게 의지는, 구원자라는 이 의지는, 자신이 나중에 되돌릴 수 없어서 고통을 안겨주게 될 모든 것에 복수한다. 이것, 그래, 이것만이 복수 자체다. 원한이야말로 복수의 의지가 그때로 돌아가고 싶게 만든다. 이 모든 그때는 단편, 불가사의, 끔찍한 우연이다. 창조적 의지가 이에 관해 말한 것에 이르기까지.'그러나 나는 이처럼 그것을 원한다!'"(『차라투스트라는 이렇게 말했다』, II, 「구원에 대하여」)

지나가는 시간과 화해하라
영원회귀의 관념은 우리를 시간과 화해하게 한다. 형이상학과 종교는 생성—일시적이고 덧없으며 변화하는 것—과 존재를 서로 대립되는 것으로 보기 때문에 시간과 영원성을 대립시킨 다. 시간은 순환하기 때문에 영원하다. 생성의 존재는 회귀로부 터 성립한다. 세계는 엄청난 우연에 불과할지라도 우리는 어느 날 같은 장면에서 같은 머리들이 땅에 떨어짐을 확신할 것이다. 만일 생성이 목적도 종착지도 없다면, 그리고 만일 우리가 천국 을 향해서도 종말을 향해서도 나아가고 있지 않다면 임의적 개 연성에 관한 단순한 규칙은 일어날 모든 것은 어느 날 일어나기 를 바란다.

만일 우리가 이 관념을 체화해서 그에 따라 행동하는 데 성 공한다면 우리는 힘을 향한 의지가 가진 가장 높은 단계에 도달 할 것이다. "존재의 특성에서 생성을 포착하기—이것이 최고 의 힘을 향한 의지다"(『유고(1886~1887)』, 7[54]). 우리는 이 정도 로 강한가? 우리는 고통과 기쁨, 상처와 쾌락, 경이와 환멸, 방 황과 발견에서 새로운 부분을 요구할 수 있을 정도로 삶을 사랑 하며 집요한가? 이런 식으로 새로운 인간 존재가 성립한다. 그 는 비관주의와 허무주의의 시험을 통과하여 새로운 여명을 만 날 것이다.

"나처럼 오랫동안 비관주의에 대해서 깊이 있게 생각하느라 애썼던 사람은 전도된 이상을 향해 눈을 뜰 것이다. 가장 왕성한 인간, 가장 삶에서 벗어난 인간이라는 이상. 이 인간은 세상을 향해서 가장 크게 예라고 말하며 존재했고 존재하는 것에 단순히 굴복하지 않는다. 반대로 이 인간은 존재했고 존재하는 것을 다시 소유하기를 원한다. 완전한 영원성을 위해 '처음부터 반복해서'라고 외친다."(『선악을 넘어서』, III, 56)

짚고 넘어가기

1   확실히 우리 삶에는 우리가 규칙적으로 반복하길 원하는 행동이 있다. 이렇게 반복해서 어떤 이익을 얻는가? 당신은 반복하고 싶지 않지만 삶이 규칙적으로 실행하길 강요하는 다른 행동은 없는가? 당신은 즐겁게 반복하기 위해서 이러한 행동을 어떻게 바꾸는가? 이것은 단지 당신이 가진 의지의 문제인가 아니면 당신이 행동에 영향을 미치는 방식의 문제이기도 한가?

2   만일 당신의 삶이 영원회귀론이 예상하듯이 그렇게 영원히 반복돼야 한다면 당신은 거기서 무엇을 바꿀 것인가? 당신이 반복을 견딜 수 없어서 다시는 하지 않을 일이 있는가? 반대로 당신이 완전하게 만들고 싶은 일이 있는가? 지금부터 이 관념이 당신에게 배어들게 하자. 이를 위해 당신이 살고 있는 매 순간 당신에게 다음과 같이 질문해 보라. "당신은 이 순간을 영원히 반복해서 살고 싶은가?" 이 생각이 당신을 어떻게 바꾸는가? 당신의 결정과 행동

을 어떻게 바꾸는가?

3 일상에서 당신이 진정 원하지도 않으면서 수행하는 일이
나 동작, 즉 니체가 말하는 절반의 소망이 많이 있는가?
아니면 '이번이 마지막이야'라고 말하면서 수행하는 일
이 있는가? 삶이 무한히 반복된다는 생각이 완전히 이 일
을 중단하는 데 도움이 되는가? 또는 당신이 실제로 그것
을 이행하길 원하고 거기서 쾌락을 얻는다고 깨닫는 데
도움이 되는가?

미래를 향해 활시위를 당겨라

매 순간을 되돌리고 싶은 순간으로 만들면서 사는 것은 매우 거창한 초인의 과제로 보인다. 우리의 행동과 결정이 무한 반복을 할 만한 완전함과 확실함을 가지려면 오류가 없어야 한다. 그런 가운데 고통과 권태를 무한히 경험할 수 있도록 고통과 권태에 무감각해져야 한다. 또한 인간의 약함을 받아들일 각오를 해야 한다. 이 약함은 실패에 대한 구실을 필요로 하고 항상 자신의 불행한 상태에 대한 책임을 모면하려고 하며 빠져나갈 구멍을 만들어낸다. 원한과 양심의 가책은 인간 본성의 가차 없는 한 부분인가? 현실 부적응 문제는 우리 인성의 구성요소가 될 것이며, 그 결과 우리는 삶을 즐길 때 필연적으로 죄의식을 느끼게 되고 삶을 즐기지 못할 때는 속죄양을 찾는다. 영원회귀의 관념은 이렇게 핑계를 대는 것을 금지하고 우리가 무기력한 만큼 충분한 힘도 가졌음을 가정하라고 요구한다. 이것은 지나친 요구인가? 니체는 스스로 이렇게 질문한다. 의심이 드는 순간에 그는 노트에 다음과 같이 기록했다.

"나는 내 인생이 반복하길 원하지 않는다. 어떻게 나는 삶을 견뎠는가? 창조함으로써. 내가 삶의 양상을 견디게 만드는 것은 무엇인가? 삶을 긍정하는 초인을 봄으로써. 나는 스스로 삶을 긍정하려고 애썼다."(『유고(1882~1883)』, 4[81])

그러므로 니체는 자신이 영원회귀의 관념을 견딜 수 없음을 인정하고 자신의 삶이 반복하길 원하지 않음을 인정한다. 왜냐하면 그는 삶의 모든 국면을 긍정하는 데 성공하지 못했기 때문이다. 마찬가지로 우리도 삶에 온전히 예라고 말하기에는 여전히 허무주의에 흠뻑 젖어 있고, 종교와 도덕의 흔적에 깊이 사로잡혀 있다. 우리는 아직 영원회귀의 시험을 견딜 준비가 되어 있지 않을 수도 있다. 그런데도 그 점에서 유죄인 인간성이 무엇인지 알 수 있다. 그것은 니체가 말한 초인적 유형, 다시 말해 초인이다.

완전히 실재로 간주된 인간과 현실주의자 인간

초인을 특징짓는 것은 무엇인가? 비범한 힘인가? 지도하고 지배하라는 소명인가? 예술적 천재성인가? 일반성을 벗어난 지능인가? 초인의 관념은 실제로는 매우 단순하다. 영원회귀의 시험을 견딜 수 있는 유일한 사람. 왜냐하면 그만이 현실을 온전히 받아들이고 자신을 둘러싸고 있는 것을 자신의 것으로 받아들이기 때문이다.

"차라투스트라가 알아보는 인간 종은 현실을 있는 그대로 알아본다. 이 인간은 충분히 강해서 이렇게 할 수 있다. 이 인간은 현실에 동떨어져 있지 않고 현실에 낯설지 않다. 그는 현실 자체이다. 그는 현실이 가지고 있는 무시무시하고 의심스러운 것을 모두 자신 안에 수용한다. 왜냐하면 바로 이런 식으로 인간은 위대함을 가질 수 있기 때문이다."(『이 사람을 보라』, 「왜 나는 하나의 운명인지?」, 6)

자신과 자신의 삶에 만족하지 못하고 현실과 반대되는 이상을 열망하고, 자신을 넘어서고 다른 존재가 되길 원하는 것은 인간이 가진 전형적인 약점이다. 자신의 현실을 전적으로 수용하는 자도 역시 인간인가? 그런데도 다른 인간이 되기를 강렬하게, 너무나 강렬하게 원함은 실제 모습의 인간에 직면해 느끼는 불만족을 드러내며 우리의 인간적인 너무나 인간적인 현실을 부정하는 이상에 대한 열망을 의미하지 않는가? 그러면 초인에 대한 묘사는 현실적 인간의 초라함 앞에서 느끼는 감정을 표현한 것이 아닐까? 초인을 간구하는 것 자체는 니체가 초인에게 속하는 것이라고 주장하는 가치에 대립되지 않는가?

자기를 초월하거나 도피하려 하지 마라

초월하고 극복하려는 욕망은 인간뿐 아니라 생명 일반이 갖는 근본적인 특징이다. 모든 힘은 자신의 힘을 넘어서려고 한다.

> "그리고 생명 자체는 나에게 비밀을 말한다. '보시오. 나는 항상 나 자신을 극복해야 해요'라고 말한다."(『차라투스트라는 이렇게 말했다』, II, 「자기 초월에 대해서」)

인간이 초월을 겨냥하는 것은 당연하다. 한편 서구인들은 이 초월을 자신으로부터 도피하는 것, 현실에 대한 부정으로 이해한다. 금욕적 이상으로서 자기 극복은 이성만을 발전시키기 위해 본능을 극복하고 정신을 영광스럽게 하기 위해 신체를 파괴하는 것을 의미한다. 인간은 신이 되길 원하면서 둘로 분리되었고 자신과 싸우기를 선택했다.

"나는 형이상학적이고 종교적인 사유 방식은 모두 인간에게 나타나는 불만족의 결과이자 더 높은, 초인적 미래로 인간을 끌고 가는 충동의 결과라고 생각한다—인간이 이 미래를 구축하는 대신에 스스로 피안으로 도망친다는 점을 제외하고. 인간의 추함으로 고통받는 최고의 본성에 대한 오해."(『유고(1884)』, 27[74])

니체에게 관건이 되는 것은 인간은 자기 현실에서 도망침으로써 초월하는 것이 아니라 자신을 더 현실적인 존재로 만듦으로써 초월함을 보이는 것이다. 인간은 자신의 본성에 대한 부정이 아니라 충분한 긍정을 통해 초월할 수 있다. 신이 되기를 열망하는 대신에 온전한 인간이 되길 열망해야 한다.

본보기가 되는 과거의 위인들

완전하고 성숙하며 현실적인 인간에 대해 역사는 몇몇 사례를 보여준다. 니체는 시저, 나폴레옹을 언급하긴 하지만, 모든 예술가 중에서 우선 셰익스피어와 독일의 정치가이자 과학자인 괴테를 언급한다. 괴테는 니체가 묘사하는 인간의 전형이다. 그는 너무나 풍요로워서 중대한 모순을 제압할 줄 알았다. 그는 강한 본성을 갖추고 삶을 총체적으로 긍정하는 한편 이를 예술을 통해 정교하게 다듬었다.

"괴테는 강하고 고도로 도야되고 육체를 요구하는 모든 활동에 능숙한 사람, 자제할 줄 알고 자신을 존중하는 사람을 구상했다. 자연이 가진 모든 풍요로운 경지를 자신에게 허용하면서 이러한 자유를 누릴 수 있을 만큼 강한 사람을 구상했다. 평균적 본성을 사라지게 하는 것이 자신에게 유리하게 사용되는 이점임을 알기 때문에 관대한 인간, 즉 약해서가 아니라 강해서 관대한 인간을 구상했다. 악덕이든 미덕이든 약함을 제외하고는 아무것도 금지되지 않은 인간……. 자유로워진 정신은 유쾌하고도 믿을 만한 운명론을 지닌 채 모든 것 한가운데 서 있다. 그의 운명론은 고립되어 홀로 존재하는 것만이 비난받아 마땅하고 총체성 안의 모든 것은 구원되고 긍정된다는 믿음으로 충만하다……. 그는 부정하지 않는다……. 그러나 이러한 믿음은 가능한 모든 믿음 중에서 가장 높은 믿음이다. 나는 디오니소스의 이름으로 이 믿음에 세례를 주었다."(『우상의 황혼』, 「비현실적인 것의 역습」, 49)

인류의 역사에서 괴테와 같은 사람들은 이례적으로 특별하다. 진실로 말해서 그런 사람은 우발적인 사례에 해당하며 일종의 괴물이자 비정상적인 존재다. 우리의 문화, 교육, 도덕의 목표는 그와 상반되는 유형의 사람을 배출하는 것이기 때문이다. 맹목적이고 자신에 대해 부끄러워하고 타인의 행복을 의심하면서 스스로에 대한 확신이 없기 때문에 관대할 수 없는 사람. 우리 문화를 바꾸어서 괴테와 같은 사람이 탄생되는 것을 선호하게 만들 수는 없을까? 어떤 토양과 부식토, 기후가 이러한 피조물이 솟아나게 할 수 있을까?

미래의 집을 지어라

초인의 관념은 바로 이 지점에서 우리 고유한 삶에 대해 온전한 의미가 된다. 왜냐하면 비록 우리가 현실을 긍정하고 영원회귀의 시험을 견디는 데 완전히 성공하지 못한다 하더라도 우리는 가능한 어느 날 그 작업을 시도할 수 있을 것이기 때문이다. 니체는 '창조 중인' 삶, '초인을 향한 시선'을 지지했다고 말한다. 이 둘은 필연적으로 함께 간다. 우리는 바로 새로움을 창조함으로써 새로운 인간의 도래를 준비하는 것이다. 새로운 인간에 대한 희망이 우리의 창조 작업이 헛되지 않음을 보증한다. 이러한 의미에서 우리는 비켜가는 존재, 이행하는 존재, 중재하는 존재이며 동물과 초인을 구분하는 심연을 가로질러 닿아 있는 줄이다라고 할 수 있다.

"인간에게 위대한 점은 인간이 목적이 아닌 중재자라는 것이다. 인간에게 사랑할 만한 것은 인간이 이행하는 존재이며 쇠퇴하는 존재라는 점이다. 나는 이행과 쇠퇴 속에서 사는 것 말고는 달리 사는 방법을 모르는 사람들을 사랑한다. 나는 위대한 경멸이 가득한 사람들을 사랑한다. 왜냐하면 그들은 숭배하는 자들이며 반대 기슭으로 가려는 욕망의 화살이기 때문이다. 나는 쇠퇴하는 이유, 제물이 되는 이유를 별들의 반대편에서 찾으려 하지 않고, 그 대신에 언젠가는 초인의 대지가 되도록 대지를 위해 희생하는 사람들을 사랑한다. 나는 결국 깨닫기 위해 살아가는 사람들, 마침내 초인이 산다는 것을 깨닫기를 원하는 사람들을 사랑한다. 이처럼 그는 자신의 퇴락을 원한다. 나는 초인이 머무를 곳을 건설하고 초인에게 도움이 되는 대지, 동물과 식물을 마련하기 위해 일하고 창조하는 사람들을 사랑한다. 왜냐하면 이처럼 그는 자신의 퇴락을 원하기 때문이다."(『차라투스트라는 이렇게 말했다』, 서문, 4)

우리가 이전 세대의 유산에 의지하는 것과 마찬가지로 우리의 노력은 필연적으로 우리 생애 동안 모든 결실을 획득하지는 못할 것이다. 우리는 훨씬 나중에 다른 여러 존재에게 이익이 될 에너지를 저장해둘 것이다. 그래서 손해를 보면서도 진행해야 한다. 그것이 우리가 저지른 과오는 미래의 성공을 위한 배양토임을 아는 우리가 갈 수 있는 끝까지 가고 과제를 완수하느라 지치며 실패하는 일을 반복하는 이유다.

이웃이 아니라 멀리 있는 존재에 대한 사랑

니체가 이타주의만큼이나 이기주의를 비판하는 이유가 있다. 자아는 환영이다. 왜냐하면 각 개인은 인간성이 진화하는 과정에서 이행 단계, '나뭇가지의 눈'에 불과하기 때문이다. 이웃에 대한 사랑은 이기주의에 대한 진정한 대안이 아니다. 왜냐하면 이타주의는 언제나 제한된 자아의 보잘것없는 만족을 겨냥하기 때문이다. 니체는 '멀리 떨어져 있는 존재에 대한 사랑'이라는 관념을 선호한다. 중요한 것은 거리에서 만나는 자기 이웃의 신임을 얻는 것이 아니라 아직 개발되지 않았지만 현재 우리가 노력한 덕분에 언젠가는 빛나게 될 인간의 가능성이다.

멀리 떨어져 있는 존재에 대한 사랑과 도래할 인간의 위대함에 대한 경배는 니체가 자신의 서약으로 호소한 귀족정치의 표지이다. 귀족정은 우리가 아는 바로는 일종의 찬탈이다. 귀족정은 그 고매함을 인간의 위대한 과거에서 끌어오기 때문이다. 그러나 진정한 귀족정은 미래를 향하고 그 고매함을 후손으로부터, 자신이 가능하게 만든 새로운 형태의 삶에서 끌어온다.

"오 나의 형제들이여, 당신의 고매함은 뒤가 아닌 저 먼 곳을 보아야 한다. 당신은 당신 아버지와 조상의 모든 국가로부터 추방당해야 한다! 당신이 사랑해야 하는 나라는 당신의 아이들의 나라다. 이 사랑이 당신의 새로운 기품이 될 것이다. 이 나라는 여전히 가장 먼 바다에서 발견되어야 한다."(『차라투스트라는 이렇게 말했다』, III, 「옛 서판과 새로운 서판에 대하여」, 12)

그런데도 만일 우리가 초인의 자질로도, 조상의 자질로도 형성되지 않았다면 우리는 무엇을 해야 하는가? 만일 이 야심, '반대 기슭의 욕망'에서 벗어나 있다면 우리는 이 새로운 귀족정의 추종자, 새로운 주인의 노예가 될 것인가?

우리는 모두 초인이 될 수 있는가?

우리는 확실히 모두가 절대적으로 독자적이고 이례적인 삶을 실현하고 자신을 초월하여 자기 방식으로 '초인'이 될 수 있기를 원한다. 그러나 개인들이 필연적으로 반복적이고 절차에 집

착하고 관료적이며 정형화된 과제를 수행해야 하는 사회에서
는 이 소망이 실현될 수 있을 것으로 보이지 않는다. 더 심층적
인 분석은 많은 사람이 이례적이고 독자적이고 창의적인 인간
이 되기를 원하지 않음을 보여준다. 많은 사람은 자신에게 질문
을 제기할 능력, 물리적이고 지적인 위험이 주는 전율을 알아낼
능력이 없다. 이들은 그 대신에 정지된 확고한 관념이 주는 위
로를 선호한다. 책임감을 갖고 자신의 결정에 홀로 직면하는 대
신에 이들은 의도적으로 틀, 기능, 서열, 도덕에 복종하는 것을
선택한다. 왜 그들은 그런 선택을 해야 하는가? 모든 대가를 치
르고서라도 변화해야 하는가? 니체 철학의 위대한 부분은 도덕
과 평범함에 대한 투쟁으로 보일 수 있다. 도덕은 열에서 벗어
나려는 모든 시도를 억누르면서 도덕을 장려하려는 목적밖에
갖지 않는다. 1886년에 니체는 이렇게 말했다.

"평범한 사람만이 영속적이며 전파력이 강한 관점을 갖는다.
살아남는 것은 미래의 인간들뿐이다. '그들처럼 되자! 당신의
평범함을 만들자!' 오늘날 도덕만이 의미를 갖고 여전히 추종
자를 찾아낸다."(『선악을 넘어서』, IX, 262)

니체는 결국 강자에 대해 약자를 방어해야 하는 것이 아니라

약자에 대해 강자를 방어해야 한다고 주장한다. 왜냐하면 약자는 그 많은 수에 의해 강자가 될 이유를 항상 가지고 있기 때문이다. 니체는 다윈이 이런 사실을 왜곡했다고 주장한다. 살아남고 번식하는 것은 강자가 아니라 약자이며 평범한 자다. 그러나 몇 년 후에 철학에 헌신한 삶이 끝날 무렵 니체는 입장을 바꾼 것처럼 보인다. 자주 그렇듯이 니체는 자기 철학에서 전형적으로 보이는 요동을 통해 자신의 과도함을 깨닫고 자신이 말한 지적 성실성에 의해 끊임없이 자신의 위치를 재차 질문하기를 요구하는 정직함을 드러낸다. 그러므로 니체는 1888년에 다음과 같이 말한다.

"평범함 자체에서 곧바로 그에 상반되는 것을 발견하는 일은 더욱 심오한 정신에 완전히 어울리지 않을 것이다. 평범함은 이례적인 사람들이 존재하는 데 필요한 일차 조건이다. 평범함은 차원 높은 문화를 가능하게 한다. 이례적인 인간이 그 자신보다 더 섬세한 손가락으로 평범한 사람이나 그 유사한 사람들을 다루고 있을 때 이것은 단지 친절한 마음 때문이 아니다. 명백히 그들의 의무이기 때문이다."(『반그리스도』, 57)

결정하는 것에 바로 행복이 놓여 있다

서열화된 피라미드형의 불평등 사회에서조차 니체가 보증하듯이 평등의 형태가 존재함을 알 수 있다. 그것은 조건의 평등, 책임의 평등이 아니라 모두가 적합하게 받는 존경의 평등, 모두가 요구할 수 있는 안녕의 평등이다. 만일 평범함이 과오나 결함이 아니라면 이것은 또한 불행한 운명도 아니다. 이것은 선택이다. 결과적으로 니체는 권리의 평등이라는 관념을 옹호하지 않는다. 니체가 주장하듯이 평범함은 이례적 인간은 도달하지 못하는 보상, 용이함, 우세한 조건을 허용한다는 점에서 특권이기 때문이다. 사회에서 우리가 차지하는 자리와 서열을 결정하는 근본적인 질문은 우리가 어디서 행복을 발견하고 번영이 무엇에 의존하는지를 아느냐 하는 것이다.

"공적으로 유용해지고 톱니바퀴, 기능이 되려면 본성에 의해 운명이 정해져야 한다. 그들을 지적인 기계로 만드는 것은 대다수가 얻을 수 있는 행복이지 사회가 아니다. 평범한 사람에게는 평범하다는 것이 행복이다. 한 영역에서 능숙하게 제어하는 대가에게 전문화는 자연스러운 본능이다."(『반그리스도』, 57)

행복은 어디에 있는가? 쉬운 행복을 거부하는 데, 고통과 위험을 즐기는 취향에 대한 승리에, 존재의 부조리와 불확실성을 직면하는 데 있는가? 행복은 풍요로운 안녕, 확신을 주는 안락한 믿음, 익숙한 습관적인 행동, 유용하다는 느낌 중에 어디에 있는가? 미래의 위험 혹은 현재의 안전에 있는가? 우리는 탁월함을 추구함으로써 훼손되길 원하는가? 아니면 평범함의 표본 통에 보존되길 원하는가? 우리는 초인이 되길 열망하는가? 아니면 최후의 인간으로 만족하는가? 혹은 이 둘 사이의 어느 단계에 있길 원하는가? 판명되는 것은 우리가 과도한 야심과 초인의 요구에서 벗어나야 한다는 사실이다.

이 지점에 도착하면 비록 우리에게 선택을 맡기는 장점을 가지고 있다 하더라도 니체는 더 이상 우리에게 유용하지 않다. 우리는 이제 그가 이 책의 인용문에서 우리에게 요구한 것에 귀를 기울여야 한다. 이제 니체를 버리고 우리 자신을 찾을 시간이 되었다.

니체의 생애

1844년 10월 15일 뢰켄(작센)에서 태어난 니체의 아버지와 두 조부는 개신교 목사였다. 이를 통해 니체는 '기독교와의 전쟁'을 선포하기 전에 이미 기독교에 대해 속속들이 꿰고 있었음을 알 수 있다. 그는 자신이 네 살 때 치매에 걸렸다가 1년 후 사망한 아버지에 대해 항상 감동적인 기억과 그리운 기억을 간직했다. 둘째 형이 요절한 후 니체는 여자들로 둘러싸인 환경에서 자랐다. 누이 엘리자베스, 어머니, 할머니, 독신으로 지내던 두 아주머니와 함께 살았던 것이다. 이후 포르타의 명망 있는 기숙학교에서 사춘기 소년이던 니체는 몇 년간 치매를 앓다 사망한 횔덜린의 계시적 시에 대한 에세이로 유명해졌다. 사람들은 그에게 더 신성하고 더 고결한 시인, 더 독일인다운 시인에 관심을 가지라고 조언해주었다. 이때부터 한 세기가 지난 뒤에야 비로소 모든 사람은 그의 천재성을 알아보게 되었다.

　대학에서 니체는 신학에서 문헌학으로 과목을 바꿔 교육 과정을 이수했다. 니체의 철학은 고대 문헌과 사리진 언어의 해독 기술에 빚지고 있다. 니체가 실재를 해석으로 인식하고 종교적, 형이상학적, 도덕적, 예술적 증상이 갖는 감정적, 신체적 의의를 해독하는 일에 열중했다는 점에서 이를 알 수 있다. 우연히 들른 고서점에서 아르투르 쇼펜하우어의 저서인 『의지와 표상으로서의 세계』를 발견한 것 역시 이 시기의 일이다. 그는 수천 페이지에 달하는 이 책을 단숨에 읽었다. 비록 그의 모든 철학을 쇼펜하우어의 비관주의를 거부하려는 시도로 볼 수 있을지라도 니체는 자신의 스승에게 끝까지 충실했다. 이 충실함은 존재의 비극에 대한 즐거운 긍정을 주장하는 그의 철학이 쇼펜하우어의 실천적 비관주의가 아니라 이론적 비관주의의 확증을 전제로 한다는 점에서 입증된다.

24세 때 니체는 자신의 첫 번째 책인 『음악의 정신에서 비롯된 비극의 탄생』을 출판했다. 이 책—여기서 독자들은 니체가 평생을 견지한 중요한 입장과 문제 의식을 발견할 수 있다—이 대단히 큰 파장을 불러일으킨 덕분에 니체는 박사논문을 완성하기도 전에 이미 바젤 대학의 교수직을 제안받았다. 이 책은 리하르트 바그너의 영향을 입증해준다. 니체는 바젤에서 멀지 않은 트리브셴의 집에서 개인적으로 바그너를 만나기 전에 그의 오페라 〈트리스탄과 이졸데〉의 피아노곡이 열정으로 가득한 작품임을 간파했으며, 당시 19세기 말에 진정한 천재들이 존재함을 발견했다. 그는 또한 인간 바그너에게서 아버지를 대신하는 존재의 모습을 발견하고 리스트의 딸이자 그의 배우자인 코즈마에게서 세련되게 도야된 사해동포적 여성의 모범을 발견했다.

그러나 바그너가 자신이 살던 베이루트의 집에서 스스로 신으로 등극하자 이 모든 것은 달라졌다. 바그너는 격렬한 반유대주의를 드러내면서 기독교로 후퇴했다. 니체는 『이 사람을 보라』에서 자신은 결코 바그너가 '독일 제국의 민족주의자'가 된 것을 용서하지 않은 반면에 바그너에 대항하여 독일에 반대되는 모든 것, 음악적이고 도덕적인 마리화나의 자격을 부여한 관능적 엑소시즘을 구현했다고 말한다.

1879년 니체는 심각한 건강 문제로 바젤 대학의 교수직을 사임해야 했다. 그는 얼마 되지 않는 장애연금으로 여름에는 스위스의 알프스 지역에서, 겨울에는 지중해 지역에서 살았다. 자신의 건강 상태에 유리한 기후 조건의 거주지를 선택한 것이다. 그가 21세의 젊은 러시아 여성이었던 루 안드레아스 살로메를 만난 것도 이 시기였다. 루는 재능이 뛰어나고, 자유분방하고 아름답고 독립적이었다. 니체는 그녀에게서 지성적 영혼의 누이이며 자신이 꿈꾸던 제자를 알아보았다. 그러나 그들 두 사람의 친구인 폴 레가 이 젊은 여성에게 훨씬 더 많은 관심을 가졌다. 무엇보다도 니체의 누이 엘리자베스가 막 시작된 그들의 관계를 파괴하려는 음모를 꾸몄다. 엘리자베스는 루를 동물로 취급하면서 루가 '니체 철학을 의인화한 존재로서 니체가 자신의 길에서 발견한 모든 것을 뒤집어엎는 무분별한 이기심, 도덕성의 완전한 결핍, 소유욕, 한없는 원한, 니체 철학의 완전한 몰이해를 동시에 증명한다'고 비난했다. 1885년 엘리자베스가 반유대주의 선동가 바젤하르트와 결혼하자 단절은 분명해졌다. 니체는 복수심에 불타는 어리석은 반유대주의자에 대해 논하면서 매형의 구역질나는 이데올로기에 극렬히 반대하기를 멈추지 않았다. 그러나 엘리자베스는 남편과 함께 아리안족의 채식주의자 식민지를 건설하기 위해 파라과이로 떠났다.

니체는 자신의 누이 엘리자베스, 친구 레, 그리고 루와 관계를 끊어야 했다. 그런데도 그는 루의 첫 번째 책 출판 소식에 대해서는 관심을 가지고 지켜보았다. 고독한 생활 속에 낙담하며 배신당하고 인정받지 못한 채 니체는 자신의 철학에서 전력을 다해 비난한 원한과 양심에 대해 자세히 알아냈다. 왜냐하면 자신의 삶에서 이 감정을 극복해야 했기 때문이다. 니체는 스위스 앵가딘의 빙하를 따라 걷거나 혹은 지중해 연안을 산책하면서 자신을 위로했다. 이러한 산책은 진정한 사유는 신체 활동의 결과로 가능해진다는 자신의 생각에 충실한 행위였다. 오늘날 우리는 에즈쉬르메르, 알프마리팀 지역에서 『차라투스트라는 이렇게 말했다』에 대한 영감을 불러일으킨 '니체의 길'을 발견할 수 있다. 실마리아에 있는 그리송의 땅에는 그에게 영원회귀의 관념을 고무시킨 바위가 있다. 니체는 태양, 프랑스의 북동풍, 프로방스의 음유시인, 피에몬테의 요리를 발견하고는 세상에서 제일 좋은 것이라고 평가했다. 그리고 비제의 음악을 '아프리카'의 정신, 퇴락의 무거움과 바그너가 드러낸 독일인의 우둔함에 대한 완전한 해독제라고 찬미했다. 니체는 자신의 고향을 단지 '알프스 너머'의 관점에서만 고찰했다.

1888년 그는 가장 열광적인 창작의 해를 보냈다. 주요 저작의 1/4에 해당하는 책을 저술하느라 그는 다음해가 시작되자마자 완전히 무너졌다. 생애 마지막에 완성한 몇몇 작품에서 가장 신랄한 어조로 모든 반유대주의자를 사살하라고 제안하거나 '세계 지배자'로서 봉사하겠다고 제안하는 데서 알 수 있듯이 그가 쓴 편지에는 과대망상이 들어 있었다. 그러던 어느 겨울날 그는 토리노 거리에서 매질을 당하고 있던 말을 구하려고 달려들었다. 그가 두 팔에 안은 말은 이후 죽음을 맞을 때까지 10년 동안 그의 정신에서 떠나지 않았다. 기독교의 연민과 고해를 격렬하게 비판하고자 했던 사람이 마지막으로 보여주는 몸짓이 그와 동일한 연민과 고백을 필사적으로 표현한 것이라는 사실은 일종의 아이러니 혹은 섬세한 철학의 일면이리라.

니체가 오래 앓았던 정신병의 원인은 무엇인가? 오랫동안 사람들은 아마도 1870년 전쟁 기간에 감염된, 매독에 의한 마비성 치매일 것이라고 생각했다. 이후 사람들은 아버지에게서 물려받은 신경생리학 분야의 질병 때문에 그런 질환을 앓을 가능성을 제시했다. 그러나 확실한 것은 그가 앓은 질병이 그의 사유의 결과가 될 수는 없다는 것이다. 니체에게서—상기해보자—정신을 일깨우는 것은 신체 상태이지 그 반대가 아니다. 니체의 독자적 철학이 치료, 방어, 건강 이상의 대책임을 알아야 한다. 그는 자신의 철학을 통해 잠복해 있던 질병에 오랫동안 저항할 수 있었다.

정신이 와해되자 니체는 곧 자신이 경멸했던 누이 엘리자베스에게 맡겨졌다. 니체를 독일로 데려간 엘리자베스는 니체의 사상을 엄청나게 왜곡했고, 그 결과 그의 사상은 당시 막 태동한 나치즘에 의해 오용되었다. 그런데도 어떤 사상가도 살인을 부추기는 이 이데올로기의 세 지주인 민족주의, 게르만 정신의 열광적 찬미, 반유대주의에 대해 그토록 명백하게 반대하지 않았다. 세 지주는 니체에게 늘 검은 야수였다. 선한 유럽인들을 희망한 그는 그 모든 검은 전조에 대항하여 열렬히 투쟁했다.

생애 말년에 니체는 거의 말을 하지 않았고 자신의 철학 작업에 대해 전혀 기억하지 못했다. 그런데도 그는 여전히 피아노로 즉흥 연주를 하면서 많은 시간을 보냈다. 사람들은 그가 작곡한 음악이 오히려 평범하다고 말한다. 그러나 동시대인들이 들려준 모든 증언에 의하면 그가 즉흥 연주에 비범한 재능이 있었음을 알 수 있다. 그러나 확실히 그가 역사상 가장 위대한 음악가 중 한 명이 될 수 있는 것은 독일어로 쓴 산문, 분절되고 색조 있고 선율이 아름답고 장난기 있는 산문 때문이다.

니체의 저서

『즐거운 학문』

가장 통찰력 있고 풍요로운 니체의 저작

『선악을 넘어서』

가장 철학적인 니체의 저작으로 니체의 성숙한 관념을 가장 완전하고 가장 엄밀하게 표현하고 있다.

『우상의 황혼』

가장 간결하고 충격적인 저작으로 생애 후반기 니체가 가장 확고하게 취한 입장을 요약해준다.

― 이 세 저서의 경우 가장 번역을 잘한 것은 가르니에-플라마리옹 사

에서 출판된 파트리크 워틀랭의 번역서다. 그 책에는 주석이 많이 달려 있다.

『차라투스트라는 이렇게 말했다』

가장 유명한 니체의 저작이지만 니체의 사상을 처음 접하려는 사람에게는 거의 도움이 되지 않는다. 때때로 무겁고 때때로 풍자적이고 종종 반복적인 시적 언어 이면에 니체의 다른 저작에서 명료하게 설명해놓은 관념이 숨어 있다. 마지막 부분은 문학적인 생동감을 갖는다.

『유고』

이 책에서 충분히 인용되는 저서다. 다른 저서에서는 문학적으로 공들여 표현된 것들이 여기에서는 종종 분명하고 간결한 방법으로 표현되기 때문이다. 전문가가 아닌 사람들에게 이 책은 출간된 여러 저서에 비해 큰 관심을 불러일으키지 않는다. 이 책을 토대로 편집된 『힘을 향한 의지』도 역시 마찬가지다.

각종 해설서

질 들뢰즈Gilles Deleuze, 『니체Nietzsche』, PUF, 1965.

밀도가 있으면서도 간략한 서문은 놀라울 정도로 체계적이다. 여기에 적절한 텍스트 선정이 이어진다. 필수불가결한 해설서이다.

질 들뢰즈, 『니체와 철학Nietzsche et la philosophie』, PUF, Quadrige, 1962.

탁월한 해설서이지만 접근하기는 더 어렵다. 이 저서는 니체에 충실하기보다는 들뢰즈의 풍부한 천재성을 더 입증하는 것 같다.

발터 카우프만Walter Kaufmann, 『니체: 철학자, 심리학자, 반그리스도Nietzsche: Philosopher, Psychologist, Anti-christ』, Princeton University Press, 1950.

영어권 독자에게 가장 좋은 개론서다. 독단적인 주장은 없고 충만한 감수성으로 세세한 부분에 주의를 기울여 전문가는 아니지만 교양이 풍부한 독자들이 접근하기에 좋은 저서다.

파트리크 워틀랭Patrick Wotling, 『자유로운 정신의 철학La Philosophie de

l'esprit libre』, Champs—Flammarion, 2008.

니체 철학의 다양한 주요 주제에 대해 차례차례 요점을 다룬 논문집이다. 저자는 『니체와 문명의 문제Nietzsche et le problème de la civilisation』(PUF, 2009, 재판)와 더불어 니체의 사상 중에 지금까지 거의 알려지지 않은 양상을 강조하면서 일련의 탁월한 해석을 내놓는다.

『우울한 날엔 니체』는 철학이 실제 우리 삶에 어떻게 적용될 수 있는지를 보여준다. '필로테라피' 시리즈 중 하나로 발간된 이 책은 저자가 '이 책의 활용법'에서 밝히고 있듯이 삶의 개선과 변화를 목적으로 한다. 철학 서적이 해설서를 비롯해 예외 없이 이론적 진리에 집중하는 데 비해 이 책은 실천적 진리에 더 전념한다는 점에서 차별성을 갖는다.

저자는 철학에서 실천적 진리를 찾으려면 우선 이론을 숙고할 필요가 있음을 부정하지 않는다. 실제 우리 삶에 철학을 적용하려면 반드시 그 철학을 이해해야 하기 때문이다. 저자는 이를 위해 니체의 핵심 주장을 4개의 장으로 나눠 다루고 설명한다. 저자의 말대로 철학의 실천적 진리를 활용하려면, 즉 철학을 구체적 삶에 적용하려면 먼저 '자신의 문제를 식별'해야 한다. 그래야만 새로운 이론의 도움을 받아 그러한 문제를 해석할 수 있고 궁극적으로 구체적 행동을 통해 우리 내면의 문제를 치유할 수 있기 때문이다.

저자가 해석하는 니체는 우리의 근본적인 문제를 허무주의라는 질병으로 진단한다. 우리의 고통, 방황, 환상의 원인에 허무주의가 있다는 것이 저자와 니체가 공유하는 진단의 요지다. 니체는 허무주의에 대해 '존재는 무의미하고 삶은 힘들게 살 가치가 없으며, 모든 것은 서로 차이가 없다고 느끼는 감정'이라고 정의한다. 허무주의자에게는 모든 것이 무이기 때문에 무는 존재보다 더 가치 있고 죽음이 생명보다 더 가치 있다. 1차 진단에서 허무주의를 촉발시킨 것은 기독교에서 숭배하는 신의 죽음으로 드러난다. 문명과 문화, 과학, 도덕적 감수성의 발달로 신은 더 이상 믿기 어려워졌다. 2차 진단은 허무주의가 신의 죽음이 아니라 신의 탄생 자체에서 시작되었음을 밝혀낸다. 그렇기 때문에 기독교에서 숭배하는 신의 자리에 대신 들어선 신들 역시 생성과 소멸을 반복하고 있다.

허무주의자에게 이상이 남아 있다면 그것은 행복이다. 니체는 행복이 부차적 결과일 뿐이라고 말한다. 우리는 더 중요한 어떤 것, 더 고양된 목적의 결과로서만 행복해질 수 있기 때문이다. 그 자체로는 지속성이 없는 공허한 상태에 불과한 행복은 고통, 욕망, 흥분, 위험의 부재일 뿐 그 자체로는 긍정적인 아무것도 표상하지 않는다. 그렇기 때문에 행복은 프로작, 비아그라, 스틸녹스와 같은 향정신성 의약품의 효과와 비슷하게 작용한다.

　허무주의의 질병에서 벗어나기 위해 니체가 제안하는 치료법의 핵심은 '고통에 직면하기'다. 우리는 고통을 삶에서 반드시 필요한, 어쩌면 심지어 본질적이기도 한 구성요소로서 받아들여야 한다. 가장 기본적인 수준에서 고통은 종의 보존이나 우리 행위에 대해 본질적인 경고 표지 혹은 신호가 된다. 경험이든 학습이든 고통 없이는 불가능하기 때문이다. 쾌락처럼 고통도 우리 행위의 길잡이가 된다. 니체의 말대로 "쾌락만큼 고통에도 지혜가 있다." 고통은 생존뿐 아니라 쾌락 자체에도 반드시 필요하다. 우리가 쾌락을 느끼는 능력은 고통을 느끼는 능력과 밀접하게 연결되어 있기 때문이다. 그러므로 중요한 것은 쾌락이건 고통이건 감각을 느낄 수 있는 우리의 역량과 감수성이다. 따라서 저자가 간파하듯이 "고통에 대한 성향은 행복해지는 성향의 표지일 뿐 아니라 인간으로서 가치를 드러내는 표지이기도 하다. 한편으로 고통은 우리 자신과 삶에 대한 이해, 경험, 깊이를 제공한다. 고통은 우리 감수성의 범위에 대한 일종의 시험대다. 다른 한편으로 고통을 겪어내는 역량은 용기의 표지이며, 그에 따라서 힘의 표지가 된다."

'고통에 직면하기'와 더불어 니체는 '우리 존재의 의미를 스스로 창출하기'를 제안한다. 사후세계, 상상의 저승을 만들고 거기서 인생의 의미를 획득하여 허무주의에서 벗어나려는 시도는 그 자체가 맹신이라는 허무주의를 구현한 형태다. 대신에 우리는 우리 자신에게 고유한 목적을 제안하고 우리 이상을 형성할 수 있어야 한다. 우리는 다른 사람이 우리에게 복종할 온전한 의미를 지정해주길 기다릴 정도로 허약하지 않다.

우리의 의지를 통해 우리는 '삶은 의미가 있는가?'라는 질문을 멈출 수 없게 된다. 삶은 단순히 살고자 하는 의지에 그치지 않기 때문이다. 우리는 존재하는 것 이상을 원한다. 그런 점에서 니체는 삶 자체를 힘을 향한 의지로 규정한다. 삶의 가치도 그것이 힘과 맺는 관계에 따라 달라진다. 니체는 이를 간단하게 정리한다.

"좋은 것은 무엇인가? 인간에게 힘의 정서, 힘을 향한 의지를 일으키는 것은 바로 힘이다. 나쁜 것은 무엇인가? 약함에서 유래한 것. 행복은 무엇인가? 힘이 증대되고 저항이 극복된다는 느낌."(『반그리스도』, 2)

니체는 이러한 힘을 향한 의지를 창의적인 것으로 규정한다. 왜냐하면 힘을 향한 의지는 언제나 현실에 대한 해석이기 때문이다. 니체의 말대로 "힘을 향한 의지는 해석"이며, "진정 해석은 그 자체로 어떤 사물을 지배하는 수단이다"(『유고(1885)』, 2[148]). 그러므로 "오직 해석된 사실만이 존재할 따름이다"(『유고(1887)』, 7[60]). 그렇기 때문에 세계는 의미와 분리될 수 없다. 다만 다양한 의미가 존재한다. 실재의 텍스트가 수천 가지이기 때문이다.

힘을 향한 의지라는 가설에서 세계에 대한 종교적, 도덕적, 철학적 전망, 그리고 정치적 이상과 관련된 전망을 갖게 하는 근본 동기를 밝혀내기 위한 방법으로 도입된 계보학은 각각의 가치 판단이 하나의 관점, 필요, 본능, 힘을 확장하고 강화하고자 하는 의지에 근거해 해석하는 실재에서 기인한 것임을 보여준다.

계보학은 삶에 적대적인 가치가 존재함을 잘 보여준다. 그중에서 가장 강력한 것은 기독교다. 니체는 기독교의 도덕이 인간의 약함에 기여한 바를 폭로하면서 긍정의 윤리학을 창조해낼 것을 강조한다. 니체는 기독교의 도덕, 노예의 도덕, 형이상학, 종교가 함께 겪는 질병을 원한이라고 진단한다. 복수, 원한, 원망은 고통을 증폭시키고 영속화한다.

원한은 망각과 반응의 무능력이라는 두 가지 병리 현상과 자유의지라는 형이상학적 왜곡에 의해 성립한다. 특히 자유의지는 원한을 가능하게 하는 근거다. 이 개념이야말로 모든 도덕에 그토록 본질적인 동시에 유대-기독교의 도덕이 이룩한 경이로운 가치 전도에 대해 유일하게 책임이 있는 개념이다. 만일 자유의지가 없다면 일찍이 우리가 증오심을 품을 사람도 없을 것이고, 따라서 어떤 원한도 가능하지 않을 것이다. 결과적으로 인간이 도덕적으로 자유롭다고 상상하게 되는 것은 처벌하고 복수하고자 하는 목적에서 기인한다.

기독교는 여기서 한 걸음 더 나아가 양심의 가책을 개발해낸다. 기독교는 우리로 하여금 자기의 고유한 행복에 대해 죄책감을 느끼게 만들기 때문이다. 양심의 가책이야말로 기독교가 성취한 가장 정교하고 세련된 승리다. 이제 우리는 니체를 따라 죄와 책임의 관념에 의해 유발된 비방으로부터 해방되어야 하며 인간과 인간에게 도래한 모든 것의 절대적 무죄와 면책을 정립해야 한다. 우리는 이웃과 사회 전체에 대해 책임이 없듯이 우리가 어떤 존재인지에 대해서도 책임이 없기 때문이다.

이제 우리에게 남은 것은 우리의 현실을 과오, 죄, 책임, 처벌의 범주로 분류하는 도덕의 해악, 아니 변화와 존재하는 모든 것이 가진 근본적인 무구함을 감춤으로써 현실을 추하게 만드는 도덕 그 자체에서 벗어나서 고유하고 독자적이고 개별적인 우리의 도덕을 발견하는 일이다. 그래야만 우리는 다시 태어나고 생동적 본능을 다시 발견할 수 있기 때문이다. 그것은 동시에 우리가 가진 고유한 재능으로 자신의 개별성을 찾고 개성과 감수성에 맞는 일을 선택하고 자기 자신을 발현하는 일이다.

니체는 이상의 추락, 가치 상실, '신의 죽음'을 긍정적으로 이해하길 권한다. 이것들은 새로운 가치를 고안하기에 좋은 전대미문의 기회다. 이를 통해 모험에 뛰어들기와 위험하게 살기라는 가치 창출의 원천을 제공받기 때문이다. 그러한 상실을 허무주의라는 위기에 능동적으로 대처하기 위한 기회로 삼고, 의미 결핍의 고통을 다양한 의미를 즐기고 우리 자신의 고유한 건강을 개발하기 위한 변형의 기회로 삼아보라는 것이 니체의 제안이다.

새로운 가치, 나만의 고유한 가치는 '나 자신이 되기' 위해서 창출해야 하는 것이다. 이를 위해 니체는 여러 가지 행동 방법을 제안한다. 이러한 방법의 본질은 '긍정하기'다. 긍정은 허무주의가 초래한 위기를 극복하고 의미 없는 삶에서 생기는 고통을 의미가 주는 다양한 기쁨으로 변화시키기 위한 기본 태도다. 니체가 의미하는 긍정은 모든 것을 받아들이는 것이 아니다. 부정적인 것을 멀리하고 우리를 기쁘게 하는 것을 능동적으로 추구하고 찬미하는 것이 니체가 말하는 긍정이다.

니체는 긍정의 길을 되찾기 위해 삶을 찬미하고, 우리의 운명을 사랑하고 비난을 거부하는 대신 거리 두기의 태도를 취하길 권유한다. 또한 자신에게 금지하지 말고 다른 것을 허용하면서 긍정의 창조를 위한 일부의 파괴를 허용하라고 말한다. 마지막으로 니체는 부정에 담긴 긍정의 힘을 간파하라고 강조한다. 삶의 거부, 거절, 혐오는 이상 상태나 일반적인 무관심의 징후가 아니라 자기 저항을 통해 자신을 찾고 있는 삶의 예고 신호가 될 수 있기 때문이다. 말하자면 아직 알려지지 않은 긍정의 답을 미리 그려 보이는 부정도 있다. "우리 안에 살고 싶고 자신을 긍정하고 싶어 하는 무언가가 있기 때문에 우리는 부정하고 부정해야 한다. 이 무언가는 아마도 아직 우리가 알지 못하는 무엇, 아직 보지 못하는 무엇이리라!"(『즐거운 학문』, IV, 307)

대부분의 사람들이 삶을 긍정하지 못하는 것은 약함 때문이다. 사람들의 유기적 신체가 지치고 그들의 정신적, 신체적 요소가 너무 허약해지면 충동적 힘과 방어력이 부족해지며 실존의 무게를 더 이상 감당하지 못하게 된다. 그러면 그들은 그저 삶을 통째로 거부하고 비난하고 탄핵하기만 한다. 이처럼 부정은 항상 현실을 재해석하고 변형시킬 능력이 없음을 보여주는 지표다. 니체는 우리가 약함에서 벗어나 다시 행동해야 한다고 말한다. 힘과 약함은 고정된 상태가 아니며 충동적인 내면의 삶을 구성하는 방법에 따라 변한다는 것을 강조한다. 우리는 약함의 특징을 파악하고 약함으로 허비하게 될 힘을 비축해 올바른 긍정의 길로 나아가야 한다. 이를 위해 니체는 천천히 결정하고 우리가 결정한 것을 고집스럽게 지키는 방법을 제시한다. 강해지려면 속도를 늦추라고 말하는 것이다. 여기서 니체가 말한 힘이 무엇인지 알 수 있다. 이 힘은 우리가 우선적으로 상상할 수 있는 것과 완전히 상반된다. 힘은 즉각적 난폭함, 자의적인 폭력, '거친 아리안족의 무례함'을 자랑스럽게 드러내는 것이 아니라 자신의 완전한 성숙에 도달하기 위해 자신을 자제할 수 있는 위대한 열정이다.

기존의 도덕을 깨고 자유롭게 생각하는 이들은 이미 정해진 도덕에 따라 행동하는 이들보다 연약할 수밖에 없다. 동요와 혼란이 그들을 뒤따르기 때문이다. 더 강해지기 위해 니체는 다음의 방법을 제안한다.

첫째는 생각을 본능으로 바꾸기다. 우리는 자신을 정복하기 위해 도덕과 전통의 지배에서 해방되어야 하지만 여기서 더 나아가 다시 이 해방 자체에서 벗어나야 한다. 이를 위해서는 자신의 생각, 지식을 본능적인 것으로 바꾸고 체화해야 한다. 신체의 지혜를 구현하고 자신의 열정을 정신적으로 고양시키며 설명할 필요가 없는 것으로 만들어야 한다.

둘째는 자신을 더 잘 발견할 수 있도록 자신에 대해 자각하지 않는 것이다. 과연 우리는 자기 자신이 되기 위해 자신을 알아야 하는가? 이에 대해 니체가 주는 지침이 있다. '자신을 원하라. 그러면 너는 누군가가 될 것이다.' 우리는 결코 의식 덕분에 우리 자신을 실현할 수 있는 것이 아니다. 그것은 충동이라는 날것의 재료를 다듬고 혼란스러운 감정을 조직하고 부글거리는 욕망에 형태를 부여하는 일이다.

우리에게 더 나쁜 것은 자의식 때문에 자신에게 해를 입히는 것이다. 자기 인식을 통해 자신을 구축하는 것 이상의 무언가를 의도하기 때문에 해로운 것이다. 니체는 자신의 개성을 구성하기 위해서는 무엇보다도 자신을 이해하는 것이 필요함을 긍정하는 서양 철학의 전 역사와 단절해야 함을 이야기한다. '자기의식'은 자아 실현을 방해하는 가장 중요한 적이기 때문이다. 그러므로 자기 자신에 대해 의식을 갖는 것은 자신에 대한 포기에 이른다. 언어의 일반성에 의해 미리 만들어진 표준화된 동종의 이미지를 향해 자신의 고유성을 집단에 양도하는 것을 의미한다. 자신을 발견하려면 자신을 잃어야 한다. 방황의 시간은 삶의 진정한 기획이 성숙하는 과정에 반드시 필요하다.

이러한 성숙을 위한 방황을 견딜 수 있게 해주는 것은 바로 열정이다. 열정은 소진된 삶에 다시 항로를 제시해준다. 우리는 열정을 길들이지 말고 풍성하게 키워야 한다. 우리의 열정은 늘 깨어 있고 그 힘을 모두 펼치기 위해 고무되고 자극받고 부인되어야 한다.

이를 위해 니체는 자신 안의 혼돈을 지배해야 하고 선해지기 위해 악해질 수 있어야 하며, 열정을 해방시켜 유순한 야만인이 되라고 말한다. 마지막으로 우리가 경험하는 적대감, 차별, 집요하게 괴롭히기를 공들여 본능을 다듬고 새로운 방어법을 고안하고 본능의 우월함을 입증하는 기회로 해석하길 바란다. 왜냐하면 우리가 우리 자신을 구축하는 것은 난폭하고 해로운 열정, 불안, 비현실적인 갈망이라는 이 악마들과 벌이는 전쟁 속에서 가능하기 때문이다. 실존의 어두운 측면과 직면하고 죽음, 고통, 어리석음, 악독함을 대면하고 우리 자신의 약함과 나태함과 싸우면서 우리는 가장 깊은 내면에 있는 자신의 모습에서 최선의 것을 끌어낼 수 있다.

우리 삶이 갖는 부정할 수 없는 비극적 양상은 우리가 삶을 놀이로 여길 때 비로소 감당할 수 있는 것이 된다. 여기에 반복의 형식은 삶의 긍정을 증대시키고 심화해준다. 반복 자체가 고도화된 긍정의 형식이기 때문이다. 이것은 기독교에서 추구하는 내세의 영원한 삶이 아닌 현세의 삶에서 누리는 영원성을 위한 반복이다. 그리고 이를 통해 우리는 기독교의 도덕과 허무주의에서 벗어나게 된다.

여기에서 니체의 영원회귀 사상이 등장한다. 같은 삶을 끊임없이 반복해서 산다는 것은 절망처럼 보일 수 있다. 하지만 계속 반복되는 삶을 산다는 생각이 자신을 바꾸는 힘이 된다고 니체는 말한다. 과거에 대한 회한과 후회 없이 생성 속에 융화되는 것이 힘을 향한 의지가 가닿을 수 있는 최고의 경지이기 때문이다. 이 지점에서 초인이 필요해진다.

무한반복하는 영원회귀에서 몰락하지 않고 현실을 받아들여 삶에 의미를 부여하고 긍정하는 존재가 바로 초인이다. 하지만 초인은 달성해야 할 목표가 아니라 적극적인 긍정으로 가는 하나의 과정으로서 그 의미를 갖는다. 초인을 추구할지 초라한 최후의 인간으로 살아갈지는 각자의 선택에 달려 있다.

이 선택을 위해 삶의 목적, 삶의 궁극적 목적에 관해 질문해야 한다. 이 질문은 세계와 그 안에서 내가 차지하는 위치에 대한 총체적이고 형이상학적인 전망 없이는 답할 수 없을 것이다. 그러므로 우리는 니체와 함께 긍정해야 한다.

저자가 밝히듯이 이 책은 읽기 위한 책일 뿐 아니라 행동을 유도하기 위한 책이기도 하다. 그리고 이 책을 통해 얻은 통찰력을 가지고 삶과 경험에 대해 질문하고 답을 찾고 그 답을 각자의 삶에 적용하는 것은 순전히 독자의 몫이다. 누가 과연 온전한 자신이 되어 삶을 긍정하면서 초인의 태도로 살라고 강요할 수 있겠는가?

김부용

우울한 날엔 니체

ⓒ 발타자르 토마스, 2018

초   판 1쇄 발행일   2013년 5월 20일
개정판 1쇄 발행일   2018년 8월 6일
개정판 3쇄 발행일   2021년 1월 15일

지은이   발타자르 토마스
옮긴이   김부용
펴낸이   정은영

펴낸곳   (주)자음과모음
출판등록 2001년 11월 28일 제2001-000259호
주소   04047 서울시 마포구 양화로6길 49
전화   편집부 (02)324-2347, 경영지원부 (02)325-6047
팩스   편집부 (02)324-2348, 경영지원부 (02)2648-1311
이메일   munhak@jamobook.com

ISBN 978-89-544-3866-7 (04160)
      978-89-544-3869-8 (set)

이 도서의 국립중앙도서관 출판시도서목록(CIP)은 서지정보유통지원시스템 홈페이지
(http://seoji.nl.go.kr)와 국가자료공동목록시스템(http://www.nl.go.kr/kolisnet)에서
이용하실 수 있습니다.(CIP제어번호: CIP2018011304)